编审委员会

天津市高等职业院校提升办学水平项目建设成果系列教材

电力机车运用与规章

金　环　主　编
林桂清　副主编
李华欣　主　审

中国铁道出版社

2018年·北京

内 容 简 介

全书共分为六章，主要内容有铁路行车信号、编组列车、行车闭塞法、列车运行、机车管理与运用、机车运用指标等内容。

本书可作为高等职业教育铁道机车车辆专业教材使用，也可供机务系统各相关岗位的新职工岗前培训使用。

图书在版编目（CIP）数据

电力机车运用与规章/金环主编 . —北京：中国铁道出版社，2018.8
天津市高等职业院校提升办学水平项目建设成果系列教材
ISBN 978-7-113-20847-9

Ⅰ.①电… Ⅱ.①金… Ⅲ.①电力机车－高等职业教育－教材
Ⅳ.①U264

中国版本图书馆 CIP 数据核字（2015）第 194488 号

书　　名：**电力机车运用与规章**
作　　者：金　环　主编

责任编辑：阚济存　　　　编辑部电话：010-51873133　　　　电子信箱：td51873133@163.com
封面设计：王镜夷
责任校对：王　杰
责任印制：郭向伟

出版发行：中国铁道出版社（100054，北京市西城区右安门西街 8 号）
印　　刷：中国铁道出版社印刷厂
版　　次：2018 年 8 月第 1 版　　2018 年 8 月第 1 次印刷
开　　本：787 mm×1 092 mm　1/16　印张：9　字数：230 千
印　　数：1～3 000 册
书　　号：ISBN 978-7-113-20847-9
定　　价：25.00 元

序

为深入贯彻落实《天津市中长期教育改革和发展规划纲要(2010—2020 年)》和市政府《关于进一步推进职业教育改革创新的意见》(津政发〔2010〕46 号)精神,不断创新高等职业教育办学体制机制,深化教育教学改革,提高人才培养质量和办学水平,全面提升高等职业教育服务经济社会发展能力,加快天津市高水平示范性高等职业院校建设,提升专业服务产业的能力,为天津市经济社会发展和滨海新区开发开放更好地培养高素质高技能人才,天津市政府决定在"十二五"期间,支持建设 18 所高水平示范性高等职业院校(以下简称:示范校)和 25 个优质特色专业,高等职业院校开展提升办学水平建设。

天津铁道职业技术学院凭借高水平的办学优势和专业定位,被天津市列为 18 所示范校建设院校之一。学院在示范校建设中各专业依据专业特点和企业要求,深入探索多样化的"工学结合、校企合作、顶岗实习"人才培养模式,形成特色课程体系。以专业为核心,以课程改革为抓手,以教学条件建设为支撑,全面提升办学水平。

天津铁道职业技术学院按照"学院与铁路局(集团)紧密合作,教学系与站段(公司)紧密对接,教学团队(专业)与工区(项目部)紧密对接,教师与工程技术人员紧密对接"的模式开展多层次、紧密型合作办学。以校企合作机制为保障,开发融入职业道德与岗位工作标准的工学结合核心课程,结合天津市经济社会和行业发展特点,校企共同培育满足企业需求、具有可持续发展能力的高技能型专门人才,为了更加有效地实施人才培养模式,制定了融入行业企业标准及岗位工作需求的 21 门核心课程的课程标准。教材建设正是体现课程标准的有效方式之一。因此,我院在明确高等职业教育人才培养标准和规格的基础上,为了对人才培养提供智力支持,根据人才培养目标的要求,构筑"校企合作,产学结合"的人才培养模式,积极进行课程开发。为此,在院领导大力支持和企业具有丰富实践经验的专家的参与和指导下,我院与生产企业合作开发编写了突出职业能力、注重实践技能培养的系列教材。

本套教材打破了以往学科体系的束缚,具有以下特点:

(1)以项目为导向。本套教材全部采用项目化教学体系,以实际职业岗位为基本出发点,以工作过程为导向,以现场典型真实任务为主要教学内容,充分突出了技能培养。

（2）体现课证融合特色。在学习任务中融入国家职业资格标准的相关内容。

（3）编写内容和组织方式新颖。学习项目和任务附有与教学内容相关的知识、技能目标及相关的案例，以案例引入教学内容，引起学生的学习兴趣。

（4）一体化教学资源配套。充分利用网络等各种信息技术，建设与教材配套的网络资源，把与课程有关的文献资料、电子教案、教学课件、教学视频，与职业资格考试相关的资料及学生与教师的互动等都放到网上，为学生的自主学习提供便利的环境条件，完善教学资源。

编审委员会
2015 年 3 月

前言

本书为天津市高等职业院校提升办学水平项目建设成果系列教材,系根据铁道机车专业教学计划"电力机车运用与规章"课程教学要求编写而成。

本书共分六章,每章内容后有自测练习题,练习题与教材内容和实际工作紧密结合。本书以新版《铁路技术管理规程》为依据,在提高机务管理、机车乘务员的素质及业务水平方面进行了加强。在适应铁路运输组织需要方面以及提高机车乘务人员行车安全意识方面,有着积极的作用。

本书为课改教材,主要内容包括:铁路行车信号、行车闭塞、列车编组、列车运行、列车救援及机务管理方面的有关知识,适用于高等职业教育机车车辆专业,要求学生具备相关的铁道概论知识和铁路企业文化方面的知识。

通过学习,使学生具有以下基本能力,并且具有基本的故障处理能力。

1. 熟练掌握有关规章;

2. 具有案例分析能力;

3. 结合实际提高操作技能。

本书由天津铁道职业技术学院金环任主编,天津铁道职业技术学院林桂清任副主编,中国铁路北京局集团有限公司天津机务段李华欣任主审。第一章由金环编写;第二章由天津铁道职业技术学院陈洁编写;第三章由林桂清编写;第四章由天津铁道职业技术学院罗利锦编写;第五章由天津铁道职业技术学院陈艳伶编写;第六章由天津铁道职业技术学院杨文明编写。

本书在编写过程中得到了中国铁路北京局集团有限公司天津机务段和北京通信段的大力支持,在此深表感谢。由于编者水平有限,加之时间仓促,错漏之处在所难免,恳请广大读者谅解。

编者

2018 年 4 月

目录

第一章 铁路行车信号 ···················· 1

    第一节 对铁路行车信号的基本要求 ···················· 1
    第二节 固定信号 ···················· 4
    第三节 机车信号 ···················· 19
    第四节 移动信号 ···················· 23
    第五节 手 信 号 ···················· 26
    第六节 信号表示器及信号标志 ···················· 41
    第七节 听觉信号 ···················· 58
    自测练习题 ···················· 60

第二章 编组列车 ···················· 62

    第一节 编组列车的一般要求 ···················· 62
    第二节 列车中机车的编挂及单机挂车 ···················· 63
    第三节 列车中车辆的连挂 ···················· 66
    第四节 列车中"关门车"的编挂 ···················· 67
    自测练习题 ···················· 69

第三章 行车闭塞法 ···················· 70

    第一节 行车闭塞法概述 ···················· 70
    第二节 自动闭塞 ···················· 72
    第三节 半自动闭塞 ···················· 75
    第四节 自动站间闭塞 ···················· 76
    第五节 电话闭塞 ···················· 77
    第六节 电话中断时的行车 ···················· 80
    自测练习题 ···················· 82

第四章 列车运行 ···················· 83

    第一节 列车运行的基本要求 ···················· 83
    第二节 列车在区间被迫停车的处理与防护 ···················· 85
    第三节 列车的分部运行与退行 ···················· 88
    第四节 救援列车与路用列车的开行 ···················· 89
    第五节 列车在区间发生伤亡事故的处理 ···················· 91
    自测练习题 ···················· 92

第五章　机车管理与运用 ………………………………………………… 94

　第一节　机车运用管理部门的体制及职责 ……………………………… 94

　第二节　机车运用管理 …………………………………………………… 99

　第三节　机车交路及机车运转制 ……………………………………… 103

　第四节　机车运用管理部门的体制及职责 …………………………… 105

　第五节　机车周转图 …………………………………………………… 109

　第六节　机务段配属机车台数、检修率的计算 ……………………… 116

　第七节　电力机车整备作业 …………………………………………… 117

　自测练习题 ……………………………………………………………… 120

第六章　机车运用指标 ………………………………………………… 121

　第一节　机车运用数量指标 …………………………………………… 121

　第二节　机车运用质量指标 …………………………………………… 123

　第三节　机车运用分析 ………………………………………………… 128

　自测练习题 ……………………………………………………………… 132

参考文献 ………………………………………………………………… 134

第一章　铁路行车信号

内容描述

本章内容讲述普速铁路固定信号、机车信号、移动信号、临时防护信号、手信号、信号表示器、信号标志、听觉信号、音响信号的使用方法和使用时机,其中重点是行车信号和手信号的显示方式及指示列车的运行条件。

学习目标

【知识目标】
◆掌握信号的意义、颜色、种类、设置要求。
◆掌握各种信号的设置及作用。
◆掌握手信号的指挥意义。

【能力目标】
◆能识别各种铁路行车信号。
◆能识别各种信号标志。
◆能识别各种信号表示器。
◆辨别各种音响信号。

第一节　对铁路行车信号的基本要求

铁路行车信号是指示列车运行及调车作业的命令,有关人员必须严格执行。铁路行车信号通过一定的音响、颜色、形状、位置、灯光等来表示。它必须正确显示,有足够的显示距离,不能与其他物体混淆,且必须满足故障—安全原则。为了确保行车安全和正常的运输秩序,有关行车人员必须掌握信号显示的规定,并在确认其显示状态下按信号显示要求执行。信号显示方式及使用方法,应按《铁路技术管理规程(普速铁路部分)》(简称《技规》)规定执行,《技规》以外的信号显示方式,须经中国铁路总公司批准方可采用;各种信号机和表示器的灯光排列、颜色和外形尺寸,必须符合铁总规定的标准,地区性联系用的手信号,由各铁路局批准。

一、铁路信号的颜色及其意义

1. 基本颜色。根据光学原理和长期实践经验,我国铁路视觉信号采用红、黄、绿三色作为铁路信号的基本颜色。其表示意义是:
(1)红色——停车;
(2)黄色——注意或降低速度;

（3）绿色——按规定速度运行。

2. 辅助颜色。为满足各种信号显示需要及区分不同信号而采用的颜色。其颜色及用途如下：

（1）月白色——用于引导信号及调车信号；

（2）蓝色——用于容许信号及调车信号；

（3）紫色——用于道岔表示器；

（4）白色——用于表示器、手信号及列车标志。

3. 铁路信号灯光（图1-1）。

表示灭灯	表示亮灯	表示闪光灯光
● 红色	◓ 显示红色灯光	◓ 显示红色闪光灯光
○ 绿色	◒ 显示绿色灯光	◒ 显示绿色闪光灯光
◑ 黄色	◒ 显示黄色灯光	◒ 显示黄色闪光灯光
◓ 半黄红色	◒ 显示半黄红色灯光	◒ 显示月白色闪光灯光
◒ 双半黄色	◒ 显示双半黄灯光	
◖ 白色	◖ 显示白色灯光	
◎ 月白色	◎ 显示月白色灯光	
◉ 蓝色	◉ 显示蓝色灯光	

图 1-1　铁路信号灯光图例

二、铁路信号的种类

铁路信号分为视觉信号和听觉信号两大类。如用信号机、信号旗、信号灯、信号牌、信号表示器、信号标志及火炬等显示的信号，都属视觉信号。如用号角、口笛、机车和轨道车的鸣笛及响墩等发出的声音信号，都属听觉信号。

（一）视觉信号

1. 按使用时间分为昼间信号、夜间信号及昼夜通用信号。

2. 按使用形式分为固定信号、移动信号、手信号、信号表示器及信号标志。

3. 按装置分为信号机和信号表示器两类。信号机按类型分为色灯信号机、臂板信号机和机车信号机。信号机按用途分为进站、出站、通过、进路、预告、接近、遮断、驼峰、驼峰辅助、复示及调车信号机。信号表示器分为道岔、脱轨、进路、发车、发车线路、调车、及车挡表示器。

（二）听觉信号

听觉信号有号角、口笛、响墩发出的音响和机车、自轮运转特种设备的鸣笛声。

三、信号机及表示器的显示距离

正常情况下的显示距离：指不受地形、地物、气候影响的情况下，司机在机车上能确认地面信号显示状态时，机车与信号机之间的规定距离。

各种信号机及表示器，在正常情况下的显示距离为：

1. 进站、通过、接近、遮断信号机不得少于 1 000 m;

2. 高柱出站、高柱进路信号机不得少于 800 m;

3. 预告、驼峰、驼峰辅助信号机不得少于 400m;

4. 调车、矮型出站、矮型进路、复示信号机,容许、引导信号及各种表示器不得少于 200 m;

5. 在地形、地物影响视线的地方,进站、通过、接近、预告、遮断信号机的显示距离,在最坏的条件下不得少于 200 m。

四、影响信号显示时的处理

在昼间遇降雾、暴风雨雪及其他情况,致使停车信号显示距离不足 1 000 m,注意或减速信号显示距离不足 400 m,调车信号及调车手信号显示距离不足 200 m 时,应使用夜间信号。

隧道内只采用夜间或昼夜通用信号。

铁路沿线及站内,禁止设置妨碍确认信号的红、黄、绿色的装饰彩布、标语和灯光。如已装有妨碍确认信号灯光的设备时,应拆除或采取遮光措施。

在规定的信号显示距离内,不准种植影响信号显示的树木。对影响信号显示的树木,其处理办法由铁路局规定。

五、信号机的定位

进站、出站、进路、调车、驼峰、驼峰辅助信号机均以显示停车信号为定位;线路所的通过信号机以显示停车信号为定位,其他通过信号机以显示进行信号为定位。

接近信号机、进站预告信号机、非自动闭塞区段通过信号机的预告信号机及通过臂板,以显示注意信号为定位。

遮断、遮断预告、复示信号机以无显示为定位。

在自动闭塞区段内的车站(线路所),如将进站、正线出站信号机及其直向进路内的进路信号机转为自动动作时,以显示进行信号为定位。

六、信号机的关闭时机

1. 集中联锁车站的进站、进路、出站信号机,通过信号机,当机车或车辆第一轮对越过该信号机后自动关闭。

2. 调车信号机在调车车列全部越过调车信号机后自动关闭;当调车信号机外方不设轨道占用检查装置或虽设轨道占用检查装置而占用时,应在调车车列全部出清调车信号机内方第一轨道区段后自动关闭,根据需要也可在调车车列第一轮对进入调车信号机内方第一轨道区段后自动关闭。

3. 引导信号应在列车头部越过信号机后及时关闭。

4. 非集中联锁车站的进站信号机及线路所通过信号机,在列车进入接车线轨道区段后自动关闭,出站信号机应在列车进入出站方面轨道区段后自动关闭。

5. 非集中联锁车站,由手柄操纵的信号机:进站信号机在确认列车全部进入接车线警冲标内方,出站信号机在列车全部越过最外方道岔并确认列车全部进入出站方面轨道区段后,恢复手柄,关闭信号。

特殊站(场)执行上述规定有困难时,由铁路局规定。

七、信号机的无效标记

新设尚未开始使用及应撤除尚未撤掉的信号机,均应装设信号机无效标,并应熄灭灯光;如为臂板信号机,并须将臂板置于水平位置。

信号机无效标为白色的十字交叉板。高柱色灯信号机的无效标装在机柱上,矮型色灯信号机的无效标装在信号机构上,臂板信号机的无效标装在臂板上,如图1-2所示。

图1-2　信号机的无效标

在新建铁路线上,新设尚未开始使用的信号机(进站信号机暂用作防护车站时除外),可撤下臂板或将色灯机构向线路外侧扭转90°,并熄灭灯光作为无效。

八、信号设置的要求

信号机设在列车运行方向的左侧或其所属线路的中心线上空。反方向运行进站信号机可设在列车运行方向的右侧;其他特殊地段因条件限制,需设于右侧时须经铁路局批准。

在确定设置信号机地点时,除满足信号显示距离的要求外,还应考虑到该信号机不致被误认为邻线的信号机。

九、信号机故障的处理

进站、出站、进路和通过信号机的灯光熄灭、显示不明或显示不正确时,均视为停车信号。

进站预告信号机或接近信号机的灯光熄灭、显示不明或显示不正确时,均视为进站信号机为关闭状态;非自动闭塞区段通过信号机的预告信号机的灯光熄灭、显示不明或显示不正确时,视为通过信号机为关闭状态。

第二节　固定信号

固定信号是指固定地安装在一定位置上,用于指示列车运行及调车工作的信号。它包括:进站、出站、通过、进路、预告、遮断、驼峰、驼峰辅助、复示、调车、容许及引导信号。

一、进站信号机

(一)进站信号机的作用

所有车站入口处均应设进站信号机,用以指示列车能否进站及进站的运行条件。

1. 防护车站。在进站信号机未开放前,列车不得进入站内。

2. 指示列车进站的运行条件。列车经道岔的直向位置还是侧向位置进站,正线通过或准备停车等。

3. 锁闭接车进路有关道岔及敌对信号。当进路有关道岔开通位置不对或敌对进路信号未关闭时,信号机不能开放;信号机开放后进路道岔锁闭,敌对信号不能开放。

图 1-3　进站信号机的位置之一

(二)进站信号机的设置位置

1. 进站信号机应设在距进站最外方道岔尖轨尖端(顺向为警冲标)不少于 50 m 的地点。这是考虑一台机车挂 1~2 辆货车在站内一股道转向另一股道不致越出进站信号机(图 1-3)。

2. 如因调车作业或制动距离需要延长时,一般不超过 400 m。

经常利用正线进行调车作业的车站,可适当延长进站信号机与道岔的距离,调车时车列就不致越过进站信号机,但延长后会影响咽喉区的通过能力(图 1-4)。

图 1-4　进站信号机的位置之二

(三)进站信号机的种类

1. 透镜式(多灯式)有 4 个单独的灯具结构,每个灯具结构只显示一种颜色的灯光,其灯光排列自上而下为黄、绿、红、黄、月白色灯光。

2. 探照式(单灯式)有两个灯具结构,上方显示黄、绿、红三种颜色的灯光下方显示黄、月白色灯光。

(四)进站信号机的显示方式

1. 三显示自动闭塞、半自动闭塞、自动站间闭塞区段进站色灯信号机

(1)一个绿色灯光——准许列车按规定速度经正线通过车站,表示出站及进路信号机在开放状态,进路上的道岔均开通直向位置(图 1-5)。

(2)一个绿色灯光和一个黄色灯光——准许列车经道岔直向位置,进入站内越过次一架已经开放的信号机准备停车(图 1-6)。

(3)一个黄色灯光——准许列车经道岔直向位置,进入站内正线准备停车(图 1-7)。

(4)一个黄色闪光和一个黄色灯光——准许列车经 18 号及以上道岔侧向位置,进入站内越过次一架已经开放的信号机且该信号机防护的进路经道岔直向位置或 18 号及以上道岔侧向位置(图 1-8)。

(5)两个黄色灯光——准许列车经道岔侧向位置[但不满足上述第(4)项条件]进入站内准备停车(图 1-9)。

(6)一个红色灯光——不准列车越过该信号机(图 1-10)。

图 1-5　一个绿色灯光

图 1-6　一个绿色和一个黄色灯光

图 1-7　一个黄色灯光

图 1-8　一个黄色闪光
　　和一个黄色灯光

图 1-9　两个黄色灯光

图 1-10　一个红色灯光

2. 四显示自动闭塞区段进站色灯信号机

(1)一个绿色灯光——准许列车按规定速度经道岔直向位置进入或通过车站,表示运行前方至少有三个闭塞分区空闲(图 1-5)。

(2)一个绿色灯光和一个黄色灯光——准许列车按规定速度经道岔直向位置进入站内,表示次一架信号机经道岔直向位置开放一个黄灯(图 1-6)。

(3)一个黄色灯光——准许列车按限速要求经道岔直向位置进入站内正线准备停车(图 1-7)。

(4)一个黄色闪光和一个黄色灯光——准许列车经 18 号及以上道岔侧向位置,进入站内越过次一架已经开放的信号机且该信号机防护的进路经道岔直向位置或 18 号及以上道岔侧向位置(图 1-8)。

(5)两个黄色灯光——准许列车按限速要求越过该信号机,经道岔侧向位置[但不满足上述第(4)项条件]进入站内准备停车(图 1-9)。

(6)一个红色灯光——不准列车越过该信号机(图 1-10)。

3. 进站及接车进路、接发车进路色灯信号机的引导信号

显示一个红色灯光及一个月白色灯光——准许列车在该信号机前方不停车,以不超过 20 km/h 速度进站或通过接车进路,并必须准备随时停车(图 1-11)。

图 1-11　引导信号

二、出站信号机

（一）出站信号机的作用

1. 防护区间或闭塞分区。当信号机开放后，为占用区间或闭塞分区的凭证。

2. 锁闭发车进路上的有关道岔，确保列车出站安全。

3. 指示列车运行条件：列车开往主要线路或次要线路；在自动闭塞区段，还表示列车运行前方闭塞分区空闲状态。

4. 指示到达列车站内停车位置。

（二）出站信号机的设置位置

车站的正线和到发线上应单独装设出站信号机。出站信号机设于每一发车线警冲标内方（或对向道岔为尖轨尖端外方）适当地点（图 1-12）。适当地点是指在设置出站信号机时应尽量少占用线路有效长。并考虑以下问题：

1. 在装有轨道电路的车站上，出站信号机原则上应与轨道绝缘节设在同一坐标处；当轨道绝缘节位置不合适时，轨道绝缘节可在出站信号机前方 1 m 或后方 6.5 m 的范围内（图 1-13）。

图 1-12　出站信号机位置之一　　　　图 1-13　出站信号机位置之二（单位：mm）

2. 在无轨道电路的车站上，出站信号机在不侵入建筑限界的条件下，顺向道岔应尽量缩小与警冲标的距离；对向道岔应在尖轨尖端外与绝缘节同一坐标方的适当地点。

3. 在调车场的编组线上，必要时可设线群出站信号机。

（三）出站信号机的显示方式

1. 半自动闭塞或自动站间闭塞区段

（1）一个绿色灯光——准许列车由车站出发闭塞分区空闲（图 1-14）。

（2）两个绿色灯光——准许列车由车站出发，开往次要线路（图 1-15）。

图 1-14　一个绿色灯光　　　　　　　图 1-15　两个绿色灯光

(3)一个红色灯光——不准列车越过该信号机(图 1-16)。

(4)在兼作调车信号机时,一个月白色灯光——准许越过该信号机调车(图 1-17)。

图 1-16　一个红色灯光　　　　　　　　图 1-17　一个月白色灯光

2. 三显示自动闭塞区段

(1)一个绿色灯光——准许列车由车站出发,表示运行前方至少有两个闭塞分区空闲(图 1-18);

(2)一个黄色灯光——准许列车由车站出发,表示运行前方有一个闭塞分区空闲(图 1-19);

图 1-18　一个绿色灯光(三显示)　　　　图 1-19　一个黄色灯光(三显示)

(3)两个绿色灯光——准许列车由车站出发,开往半自动闭塞或自动站间闭塞区间(图 1-20);

(4)一个红色灯光——不准列车越过该信号机(图 1-21);

图 1-20　两个绿色灯光(三显示)　　　　图 1-21　一个红色灯光(三显示)

(5)在兼作调车信号机时,一个月白灯光——准许越过该信号机调车(图 1-22)。

3. 四显示自动闭塞区段

（1）一个绿色灯光——准许列车由车站出发，表示运行前方至少有三个闭塞分区空闲（图1-23）；

图1-22　一个月白色灯光（三显示）　　　　图1-23　一个绿色灯光（四显示）

（2）一个绿色灯光和一个黄色灯光——准许列车由车站出发，表示运行前方有两个闭塞分区空闲（图1-24）；

（3）一个黄色灯光——准许列车由车站出发，表示运行前方有一个闭塞分区空闲（图1-25）；

图1-24　一个绿色和一个黄色灯光（四显示）　　　　图1-25　一个黄色灯光（四显示）

（4）两个绿色灯光——准许列车由车站出发，开往半自动闭塞或自动站间闭塞区间（图1-26）；

（5）一个红色灯光——不准列车越过该信号机（图1-27）；

图1-26　两个绿色
灯光（四显示）　　　　图1-27　一个红色灯光（四显示）

（6）在兼作调车信号机时，一个月白色灯光——准许越过该信号机调车（图1-28）。

图 1-28　一个月白色灯光（四显示）

三、进路色灯信号机

（一）进路色灯信号机的用途及设置

在有几个车场的车站，为指示列车由一个车场开往另一个车场，车场之间应设进路色灯信号机。进路信号机按用途分为：

1. 接车进路信号机——是对到达列车指示运行条件的；

2. 发车进路信号机——是对出发列车指示运行条件的。

进路信号机不论是接车、发车，其设置位置均应设在其后方第一道岔尖端前方（顺向为警冲标内方）的适当地点。进站信号机与进路、出站信号机的距离，原则上均不少于 800 m（图 1-29）。

图 1-29　进路信号机的位置

（二）进路色灯信号机的显示

1. 接车进路及接发车进路色灯信号机的显示与进站色灯信号机相同。

图 1-30　发车进路信号机显示之一

2. 三显示自动闭塞、半自动闭塞、自动站间闭塞区段的发车进路色灯信号机显示下列信号：

（1）一个绿色灯光——准许列车由车站经正线出发，表示出站和进路信号机均在开放状态（图1-30）；

（2）一个绿色灯光和一个黄色灯光——准许列车越过该信号机，表示该信号机列车运行前方至少有一架进路信号机在开放状态（图1-31）；

图1-31　发车进路信号机显示之二

（3）一个黄色灯光——准许列车运行到次一架色灯信号机之前准备停车（图1-32）；

图1-32　发车进路信号机显示之三

（4）一个红色灯光——不准列车越过该信号机（图1-33）。

3. 四显示自动闭塞区段发车进路色灯信号机显示下列信号：

（1）一个绿色灯光——表示该信号机列车运行前方至少有两架信号机经道岔直向位置在开放状态（图1-30）；

（2）一个绿色灯光和一个黄色灯光——表示该信号机列车运行前方至次一架信号机经道岔直向位置在开放状态（图1-32）；

（3）一个黄色灯光——准许列车运行到次一色灯信号机之前准备停车（图1-31）；

（4）一个红色灯光——不准列车越过该信号机（图1-33）。

4. 接车进路、发车进路及接发车进路色灯信号机兼作调车信号机时：

一个月白色灯光——准许越过该信号机调车（图1-34）。

图 1-33　发车进路信号机显示之四

图 1-34　接车或发车进路色灯信号机兼作调车信号机显示

四、通过信号机

（一）通过信号机的作用

1. 列车进入闭塞分区或所间区间的凭证。

2. 自动闭塞通过色灯信号机是其后方信号机的预告信号机，可不间断向司机预告下一闭塞分区的空闲情况及进站信号机是否开放。

（二）通过信号机的设置及要求

通过信号机应设在闭塞分区或所间区间的分界处。自动闭塞区段的通过信号机，不应设在停车后可能脱钩牵引供电分相的处所，并尽可能不设在起动困难的地点。

通过信号机原则上应和轨道绝缘设在同一坐标上。由于施工等原因不能达到上述要求时，双线单方向运行线路上的通过信号机，轨道绝缘允许设在信号机前 1 m，后 6.5 m 范围内；单线双方向运行的并置通过信号机，轨道绝缘只允许设在信号机前后各 1 m 范围内（图 1-35）。

图 1-35　通过信号机设置（单位：m）

两架通过信号机间的距离不得小于 1 200 m。当采用 8 min 列车追踪运行间隔时间,在满足列车制动距离及自动停车装置动作过程中列车走行距离的条件时,可小于 1 200 m,但不得小于 1 000 m。

在三显示自动闭塞区段的进站信号机前方第一架通过信号机柱上,应涂三条黑线四显示自动闭塞区段的进站信号机前方第一、二架通过信号机的机柱上,应分别涂三条、一条黑斜线以与其他通过信号机相区别。

(三)通过信号机的显示方式

1. 半自动闭塞区段及自动站间闭塞区段

(1)一个绿色灯光——准许列车按规定速度运行(显示方式参照图 1-36,但机构为二显示);

(2)一个红色灯光——不准列车越过该信号机(显示方式参照图 1-38,但机构为二显示)。

2. 三显示自动闭塞区段通过信号机显示下列信号

(1)一个绿色灯光——准许列车按规定速度运行,表示运行前方至少有两个闭塞分区空闲(图 1-36);

(2)一个黄色灯光——要求列车注意运行,表示运行前方有一个闭塞分区空闲(图 1-37);

图 1-36　三显示自动闭塞区段
通过信号机显示之一

图 1-37　三显示自动闭塞区段
通过信号机显示之二

(3)一个红色灯光——列车应在该信号机前停车(图 1-38)。

3. 四显示自动闭塞区段通过信号机显示的信号

(1)一个绿色灯光——准许列车按规定速度运行,表示运行前方至少有三个闭塞分区空闲(图 1-39);

(2)一个绿色灯光和一个黄色灯光——准许列车按规定速度运行,要求注意准备减速,表示运行前方有两个闭塞分区空闲(图 1-40);

(3)一个黄色灯光——要求列车减速运行,按规定的限速要求越过该信号机,表示运行前方有一个闭塞分区空闲(图 1-41);

(4)一个红色灯光——列车应在该信号机前停车(图 1-42)。

4. 线路所防护分歧道岔的色灯信号机开放经道岔侧向位置的进路时显示信号

(1)一个黄色闪光和一个黄色灯光——表示分歧道岔为 18 号及以上,开往半自动闭塞或自动站间闭塞区间,或开往自动闭塞区间且列车运行前方次一闭塞分区空闲(图 1-8)。

(2)不满足上述第 1 款条件时,显示两个黄色灯光(图 1-9)。

防护分歧道岔的线路所通过信号机,其机构外形和显示方式,应与进站信号机相同,引导灯光应予封闭。该信号机显示红色灯光时，不准列车越过。

图 1-38　三显示自动闭塞区段
通过信号机显示之三

图 1-39　四显示自动闭塞区段
通过信号机显示之一

图 1-40　四显示自动闭塞区段
通过信号机显示之二

图 1-41　四显示自动闭塞区段
通过信号机显示之三

五、容许信号

（一）容许信号的设置

在自动闭塞区段内，当货物列车在设于上坡道上的通过信号机前停车后起动困难时，在该信号机上应装设容许信号。在进站信号机前方第一架通过信号机上，不得装设容许信号。容许信号采用方形背板。

（二）容许信号的显示方式

容许信号显示一个蓝色灯光——准许列车，在通过色灯信号机显示红色灯光的情况下不停车，以不超过 20 km/h 的速度通过，运行到次一架通过信号机，并随时准备停车（图 1-43）。

六、遮断信号机

（一）遮断信号机的作用

在发生危及行车安全的情况下，遮断信号机能及时向列车发出停车信号，使列车在危险地点前停车。

图 1-42 四显示自动闭塞区段
通过信号机显示之四

图 1-43 容许信号机显示

（二）遮断信号机的设置

在繁忙道口，有人看守的较大桥隧建筑物及可能危及行车安全的塌方落石地点，根据需要装设遮断信号机。该信号机距防护地点不得少于 50 m。

遮断信号机及其预告信号机采用方形背板，并在机柱上涂有黑白相间的斜线，以区别于一般信号机。

（三）遮断信号机的显示方式

遮断色灯信号机显示一个红色灯光——不准列车越过该信号机；不点灯时不起信号作用（图 1-44）。

图 1-44 遮断信号机显示

七、预告信号机

（一）预告信号机的作用

可以使列车司机提前了解进站信号机或线路所通过信号机、遮断信号机的开放或关闭状态，从而保证行车安全和提高行车效率，并改善乘务人员的劳动条件。

（二）预告信号机的设置和要求

1. 半自动闭塞区段、自动站间闭塞区段，进站信号机为色灯信号机时，应设色灯预告信号机或接近信号机。

2. 遮断信号机和半自动闭塞区段、自动站间闭塞区段线路所通过信号机，应装设预告信号机。

3. 列车运行速度不超过 120 km/h 的区段，预告信号机与其主体信号机的安装距离不得小于 800 m，当预告信号机的显示距离不足 400 m 时，其安装距离不得小于 1 000 m。

4. 列车运行速度超过 120 km/h 的区段，应设置两段接近区段，在第一接近区段和第二接近区段的分界处，设接近信号机，在第一接近区段入口 100 m 处，设置机车信号接通标。

在自动闭塞区段，每一个通过信号机的显示，都有预告其后方信号机的作用，这就使所有的进站信号机等于已经有预告信号机。在装有机车信号的半自动闭塞区段，由于机车信号能在司机室内复示进站信号机的显示，也起到了预告信号机的作用。因此，自动闭塞区段或装有机车信号机的半自动闭塞区段，进站信号机均不再装设预告信号机。为了通知列车已接近车站,进站信号机前第一架通过信号机机柱涂有三条黑斜线。

通过信号机是为了提高行车通过能力而设,列车在接近信号机时,必须预先了解其显示状态,才能安全高速地行车。遮断及防护信号机所防护的都是可能危及行车安全的处所,如冒进信号就会造成严重的后果。所以,在非自动闭塞区段,通过、遮断、防护信号机,均应装设预告信号机。

（三）预告信号机的显示方式

遮断信号机的预告信号机显示一个黄色灯光——表示遮断信号机显示红色灯光;不点灯时,不起信号作用（图 1-45）。

1. 其他预告色灯信号机显示的信号

（1）一个绿色灯光——表示主体信号机在开放状态（图 1-46）。

（2）一个黄色灯光——表示主体信号机在关闭状态（图 1-47）。

图 1-45　遮断信号机
的预告信号机显示

图 1-46　预告色灯
信号机显示之一

图 1-47　预告色灯
信号机显示之二

2. 接近色灯信号机显示的信号

（1）一个绿色灯光——表示进站信号机开放一个绿色灯光或一个绿色灯光和一个黄色灯光（图 1-39）;

（2）一个绿色灯光和一个黄色灯光——表示进站信号机开放一个黄色灯光（图 1-40）;

（3）一个黄色灯光——表示进站信号机在关闭状态,或表示进站信号机显示两个黄色灯光或一个黄色闪光和一个黄色灯光（图 1-41）。

遮断及其预告信号机采用方形背板,并在机柱上涂有黑白相间的斜线,以区别于一般信号机（参照图 1-44、图 1-47）。

八、调车信号机

（一）调车信号机的设置及用途

调车信号机设在电气集中联锁的车站调车线上适当地点,以显示的信号指示准许或禁止调车。

（二）调车信号机的显示方式

1. 一个月白色灯光——准许越过该信号机调车（图 1-48）。

2. 一个白色闪光灯光——装有平面溜放调车区集中联锁设备时,准许溜放调车（图 1-49）。

图 1-48　调车色灯信号机显示之一

图 1-49　调车色灯信号机显示之二

3. 一个蓝色灯光——不准越过该信号机调车（图 1-50）。

图 1-50　调车色灯信号机显示之三

不办理闭塞的站内岔线，在岔线入口处设置的调车信号机，可用红色灯光代替蓝色灯光（图 1-51）。

起阻挡列车运行作用的调车信号机，应采用矮型三显示机构，增加红色灯光或用红色灯光代替蓝色灯光。当该信号机的红色灯光熄灭，显示不明或显示不正确时，应视为列车的停车信号（图 1-52）。

图 1-51　调车色灯信号机显示之四

图 1-52　调车色灯信号机显示之五

九、色灯复示信号机

（一）色灯复示信号机的设置位置

出站、进站、进路信号机，因受地形、地物影响达不到规定的显示距离时，应设色灯复示信号机。

（二）色灯复示信号机分下列几种

1. 进站、接车进路、接发车进路信号机的色灯复示信号机采用灯列式机构，显示下列信号：

图 1-53　进站色灯复示信号机显示之一

图 1-54　进站色灯复示信号机显示之二

（1）两个月白色灯光与水平线构成60°角显示——表示主体信号机显示列车经道岔直向位置向正线接车信号（图1-53）。

（2）两个月白色灯光水平位置显示——表示主体信号机显示列车经道岔侧向位置接车信号（图1-54）。

（3）无显示——表示主体信号机在关闭状态（图1-55）。

2. 出站及发车进路信号机的色灯复示信号机显示下列信号：

（1）一个绿色灯光——表示主体信号机在开放状态（图1-56）。

（2）无显示——表示主体信号机在关闭状态。

3. 调车色灯复示信号机显示下列信号：

（1）一个月白色灯光——表示调车信号机在开放状态（图1-57）。

（2）无显示——表示调车信号机在关闭状态。进站、出

图 1-55　进站色灯复示
信号机显示之三

站、进路、驼峰及调车色灯复示信号机均采用方形背板,以区别于一般信号机。

图 1-56　出站及进路色灯复示信号机显示　　　　　　图 1-57　调车色灯复示信号机显示

第三节　机　车　信　号

　　机车司机室内的机车信号机及其附属设备统称为机车信号。机车上机车信号机的显示,应与线路上列车接近的地面信号机的显示相符,从而为机车乘务员操纵列车提供可靠的运行条件,确保行车安全,提高运输效率。但是机车停车位置,应以地面信号机为依据。

　　中国铁路目前采用的机车信号分为接近连续式和连续式两种。接近连续式用于非自动闭塞区段。在进站信号机外方制动距离附近的固定地点设置发送设备,并从固定地点到进站信号机之间加装一段轨道电路。从列车最前面的车轮轧在轨道电路上时起,发送装置就连续不断地向机车上传送地面信号的信息,使机车信号机连续复示进站信号机的显示。

　　连续式机车信号没有距离限制,只要列车在轨道上行驶,被机车第一轮对短路的轨道信号电流就会在钢轨周围产生磁场。装在机车上的感应器接收到信号,经过解码使机车信号机不断地显示与前方地面信号机相同的信号。

一、三显示自动闭塞区段连续式机车信号机

　　(1)一个绿色灯光——准许列车按规定速度运行,表示列车接近的地面信号机显示绿色灯光(图 1-58)。

　　(2)一个半绿半黄色灯光——准许列车按规定速度注意运行,表示列车接近的地面信号机显示一个绿色灯光和一个黄色灯光(图 1-59)。

图 1-58　一个绿色灯光(机车信号机)

图 1-59　一个半绿半黄灯光(机车信号机)

（3）一个带"2"字的黄色闪光——要求列车注意运行，表示列车接近的地面信号机显示一个黄色灯光，并预告次一架地面信号机开放经 18 号及以上道岔侧向位置的进路，且列车运行前方第三架信号机开通直向进路或开放经 18 号及以上道岔侧向位置的进路(图 1-60)。

（4）一个带"2"字的黄色灯光——要求列车注意运行，表示列车接近的地面信号机显示一个黄色灯光，并预告次一架地面信号机开放经道岔侧向位置的进路[但不满足上述第（3）项条件](图 1-61)。

图 1-60　一个带"2"字的黄色闪光

图 1-61　一个带"2"字的黄色灯光

（5）一个黄色灯光——要求列车注意运行，表示列车接近的地面信号机显示一个黄色灯光，并预告次一架地面信号机处于关闭状态(图 1-62)。

（6）一个双半黄色闪光——要求列车限速运行，表示列车接近的地面信号机开放经 18 号及以上道岔侧向位置的进路，且次一架信号机开通直向进路或开放经 18 号及以上道岔侧向位置的进路；或表示列车接近设有分歧道岔线路所的地面信号机开放经 18 号及以上道岔侧向位置的进路、显示一个黄色闪光和一个黄色灯光(图 1-63)。

图 1-62　一个黄色灯光(机车信号机)

图 1-63　一个双半黄色闪光

　　(7)一个双半黄色灯光——要求列车限速运行,表示列车接近的地面信号机开放经道岔侧向位置的进路(但不满足上述第(6)项条件)、显示两个黄色灯光或其他相应显示(图1-64)。

图 1-64　一个双半黄色灯光

　　(8)一个半黄半红色闪光——表示列车接近的进站、接车进路或接发车进路信号机显示引导信号或通过信号机显示容许信号(图1-65)。

　　(9)一个半黄半红色灯光——要求及时采取停车措施,表示列车接近的地面信号机显示红色灯光(图1-66)。

　　(10)一个红色灯光——表示列车已越过地面上显示红色灯光的信号机(图1-67)。

图 1-65　一个半黄红色闪光

图 1-66　一个半黄半红灯光

图 1-67　一个红色灯光

　　(11)一个白色灯光——不复示地面上的信号显示,机车乘务人员应按地面信号机的显示运行(图1-68)。

　　无显示时,表示机车信号机在停止工作状态。

二、四显示自动闭塞区段连续式机车信号机

　　(1)一个绿色灯光——同三显示(图1-69)。

图 1-68　一个白色灯光

图 1-69　一个绿色灯光(四显示机车信号机)

（2）一个半绿半黄色灯光——同三显示（图1-70）。

（3）一个带"2"字的黄色闪光——要求列车减速到规定的速度等级越过接近的显示一个黄色灯光的地面信号机，并预告次一架地面信号机开放经18号及以上道岔侧向位置的进路，且列车运行前方第三架信号机开通直向进路或开放经18号及以上道岔侧向位置的进路（图1-71）。

图1-70　一个半绿半黄色灯光（四显示机车信号机）　　　图1-71　一个带"2"字黄色闪光（四显示机车信号机）

（4）一个带"2"字的黄色灯光——要求列车减速到规定的速度等级越过接近的显示一个黄色灯光的地面信号机，并预告次一架地面信号机开放经道岔侧向位置的进路（但不满足上述第（3）项条件）（图1-72）。

（5）一个黄色灯光——要求列车减速到规定的速度等级越过接近的显示一个黄色灯光的地面信号机，并预告次一架地面信号机处于关闭状态（图1-73）。

图1-72　一个带"2"字黄色闪光（四显示机车信号机）　　　图1-73　一个黄色灯光（四显示机车信号机）

（6）一个双半黄色闪光——同三显示（图1-74）。

（7）一个双半黄色灯光——同三显示（图1-75）。

图1-74　一个双半黄色闪光（四显示机车信号机）　　　图1-75　一个双半黄色灯光（四显示机车信号机）

（8）一个半红半黄色闪光——同三显示（图1-76）。

（9）一个半黄半红色灯光——同三显示（图1-77）。

（10）一个红色灯光——同三显示（图1-78）。

图 1-76　一个半红半黄色闪光（四显示机车信号机）

（11）一个白色灯光——同三显示（图 1-68）。

图 1-77　一个半黄半红色灯光　　　　　图 1-78　一个红色灯光（四显示机车信号机）

无显示时，表示机车信号机在停止工作状态。

三、接近连续式机车信号机的显示方式

接近连续式机车信号机的显示方式与连续式机车信号机相同。

四、LKJ屏幕显示器的机车信号显示

LKJ 屏幕显示器的机车信号显示应与机车信号机的显示含义相同。

第四节　移 动 信 号

一、移动信号

移动信号用于线路故障、站内或区间施工时，临时性禁止列车驶入或要求慢行的地段，应设置移动信号进行防护。移动信号根据需要临时设置或撤除。

图 1-79　停车信号

1. 停车信号

主要设置在线路故障或施工地点前后,以防止列车驶入防护地点。显示方式如图 1-79 所示。

昼间——表面有反光材料的红色方牌;夜间——柱上红色灯光。

2. 减速信号

(1)表面有反光材料的黄底黑字圆牌,标明列车限制速度(图 1-80)。

(2)施工及其限速区段,在减速信号牌外方增设的特殊减速信号牌为表面有反光材料的黄底黑"T"字圆牌(图 1-81)。

图 1-80　减速信号(一)

图 1-81　减速信号(二)

(3)减速防护地段终端信号

表面有反光材料的绿色圆牌。在单线区段,司机应看线路右侧减速信号牌背面的绿色圆牌(图 1-82)。

在有 1 万 t 或 2 万 t(含 1.5 万 t)货物列车运行的线路增设的 1 万 t、2 万 t(含 1.5 万 t)减速防护地段终端信号牌为表面有反光材料的绿底黑"W"字(1 万 t)或黑"L"字(1.5 万 t 和 2 万 t)圆牌(图 1-82)。

图 1-82　减速防护地段终端信号

3. 在站内线路上检查、修理、整备车辆或进行装卸作业时,应在列车两端来车方向的左侧钢轨上,设置带有脱轨器的固定或移动信号牌(灯)进行防护(图 1-83),前后两端的防护距离均应不少于 20 m;不足 20 m 时,应将道岔锁闭在不能通往该线的位置。旅客列车在到发线上进行技术检查时,用停车信号防护可不设脱轨器。

图 1-83　带防护器的防护信号牌(灯)

旅客列车在到发线上进行车辆技术作业时,用红色信号旗(灯)进行防护,可不设脱轨器。红色信号旗(灯)的设置:

(1)机车摘挂相关作业时,在机次一位客车非站台侧设置。

(2)技术检查作业时,在机次一位客车前端非站台侧和尾部客车后端站台侧设置。车辆乘务员单班单人值乘列车,在无客列检车站进行站折技术检查作业时,仅在来车端一位客车前端站台侧设置。

(3)处理车辆故障时,在故障车辆站台侧设置。

二、响墩及火炬信号

响墩及火炬信号,是用于线路(包括桥梁隧道)遇到灾害、发生故障或列车在区间内发生事故、以及其他原因被迫停车时,防止前方或后方开来的列车,发生列车脱轨或冲突而设置的临时紧急停车信号。

1.显示要求

响墩爆炸声及火炬信号的火光,均要求紧急停车。停车后如无防护人员,机车乘务人员应立即检查前方线路,如无异状,列车以在瞭望距离内能随时停车的速度继续运行,但最高不得超过 20 km/h。在自动闭塞区间,运行至前方第一架通过(进站)信号机前,如无异状,即可按该信号机显示的要求执行;在半自动或自动站间闭塞区间,经过 1 km 后,如无异状,可恢复正常速度运行。

2.使用方法

(1)响墩。三个响墩为一组,在距防护对象(指停车列车,妨碍行车地点等)的规定距离处,顺来车方向的左侧钢轨上放置一个。然后,向远离防护对象方面间隔 20 m 右侧钢轨上放置一个,再隔 20 m 在左侧钢轨上再放置一个。安放时应尽量避免放于道岔、钢轨接头处及无砟桥及隧道内,并应避免列车停车后停在桥梁上或隧道内。

凡使用响墩时,均应有手持停车手信号的防护人员看守。防护人员应站在距防护对象最近的一个响墩的内方 20 m 处(图 1-84)。

(2)火炬

① 插式——使用时先将铁支架向下推出约 120 mm,然后撕开火炬帽,露出发火药头。再用擦火帽擦燃发火药头,出现红光后,顺风向与地面成 45°角插在道心。

② 投式——使用时先将铁帽拧下(不要解开铁翘紧口线)取擦光帽,擦燃出现红光后,轻轻放在道心,待其火焰烧断口线后,火炬则自行升起。

火炬没有安放距离要求,但要保证足够的瞭望距离(图 1-85)。

图 1-84　响墩放置要求

图 1-85　火炬信号

三、无线调车灯显信号

调车作业时应采用无线调车灯显设备,使用规定频率,其显示方式须符合有关要求。无线调车灯显制式(图 1-86)的信号显示方式如下:

1. 一个红灯——停车信号。
2. 一个绿灯——推进信号。
3. 绿灯闪数次后熄灭——起动信号。
4. 绿、红灯交替后绿灯长亮——连结信号。
5. 绿、黄灯交替后绿灯长亮——溜放信号。
6. 黄灯闪后绿灯长亮——减速信号。
7. 黄灯长亮——十、五、三车距离信号。
(1)十车距离信号(加辅助语音提示)。
(2)五车距离信号(加辅助语音提示)。
(3) 三车距离信号(加辅助语音提示)。
8. 两个红灯——紧急停车信号。
9. 先两个红灯后熄灭一个红灯——解锁信号。

图 1-86　无线调车灯显制式

第五节　手　信　号

一、手信号的作用及显示要求

手信号是铁路行车有关人员在作业中,进行指挥、联系等工作广泛采用的一种视觉信号,是指用手拿信号旗、信号灯或直接用手臂显示的信号。根据行车的需要,可以机动地指挥列车运行和调车作业,也可作为联系和传达行车有关事项的旗(灯)语。

手信号按用途可分为:指示列车运行条件的手信号、调车手信号、联系用的手信号、列车制动机试验手信号及指示电力机车司机临时升、降弓的手信号 5 类。

在显示手信号时,必须严肃、认真、应做到"横平、竖直、灯正、圈圆"。手信号显示指示列车运行条件的停车、减速、通过、引导信号,与固定信号机显示的相应信号具有同等的作用,行车有关人员必须认真按其显示执行。

凡昼间持有信号旗的人员,应将信号旗拢起,左手持红旗,右手持绿旗(扳道员右手持黄旗),不持信号旗的人员徒手按规定方式显示信号。

二、指示列车运行条件的手信号

列车运行时有关人员发出的各种信号，无论在正常情况下，还是在特殊情况下，对组织指挥列车安全、正确、及时地在本站出发和在区间运行，都有重要作用。其显示方式如下：

1. 停车信号，要求列车停车

昼间——展开的红色信号旗；夜间——红色灯光（图1-87）。

图1-87　停车手信号之一

昼间无红色信号旗时，两臂高举头上向两侧急剧摇动；夜间无红色灯光时，用白色灯光上下急剧摇动（图1-88）。

图1-88　停车手信号之二

2. 减速信号，要求列车降低到要求的速度

昼间——展开的黄色信号旗；夜间——黄色灯光（图1-89）。

昼间无黄色信号旗时，用绿色信号旗下压数次；夜间无黄色灯光时，用白色或绿色灯光下

图 1-89　减速手信号之一

压数次(图 1-90)。

图 1-90　减速手信号之二

3. 发车信号,要求司机发车

昼间——展开的绿色信号旗上弧线向列车方面作圆形转动;夜间——绿色灯光上弧线向列车方面作圆形转动(图 1-91)。

图 1-91　发车手信号

在设有发车表示器的车站,按发车表示器显示发车。

4. 通过手信号,准许列车由车站(场)通过

昼间——展开的绿色信号旗;夜间——绿色灯光(图1-92)。

图1-92　通过手信号

5. 引导手信号,准许列车进入车场或车站

昼间——展开的黄色信号旗高举头上左右摇动;夜间——黄色灯光高举头上左右摇动(图1-93)。

图1-93　引导手信号

6. 特定引导手信号显示方式

昼间为展开绿色信号旗高举头上左右摇动,夜间为绿色灯光高举头上左右摇动(图1-94)。

三、调车手信号

调车手信号仅在调车工作中指挥调车机车活动使用。调车指挥人通过调车手信号的不同显示,控制调车机车的运行方向、起车、停车及加速、减速等。为保证调车作业的安全,调车指挥人应正确及时地显示手信号,调车机车司机应正确、及时地执行手信号的要求。做到有机配

图 1-94　特定引导手信号

合,协同动作。

1. 停车信号,要求列车停车

昼间——展开的红色信号旗;夜间——红色灯光(图 1-87)。

2. 减速信号

昼间——展开的绿色信号旗下压数次,夜间——绿色灯光下压数次(图 1-90)。

3. 指挥机车向显示人方向来的信号

昼间——展开的绿色信号旗在下部左右摇动;夜间——绿色灯光在下部左右摇动(图 1-95)。

图 1-95　指挥机车向显示人方向来的信号

4. 指挥机车向显示人方向稍行移动的信号

昼间——拢起的红色信号旗直立平举,再用展开的绿色信号旗左右小动;夜间——绿色灯光下压数次后,再左右小动(图 1-96)。

5. 指挥机车向显示人反方向去的信号

昼间——展开的绿色信号旗上下摇动;夜间——绿色灯光上下摇动(图 1-97)。

6. 指挥机车向显示人反方向稍行移动的信号

图 1-96　指挥机车向显示人方向稍行移动的信号

图 1-97　指挥机车向显示人反方向去的信号

昼间——拢起的红色信号旗直立平举,再用展开的绿色旗上下小动;夜间——绿色灯光上下小动(图 1-98)。

对显示本条第 2、3、4、5、6 项中转信号时,昼间可用单臂,夜间可用白色灯光依式中转。

四、联系用的手信号

为了解决办理列车运行和调车工作中,行车有关人员不能用口头或通信设备彼此联系的事项,所以规定了联系用手信号。联系用手信号,种类多,使用面广,作为一种传递信息的手段,在铁路行车作业中发挥着重要的作用。行车有关人员必须熟练地掌握每个联系用手信号的作用、显示方式和要求,及时准确地运用它,以达到沟通意图、协调行动、保证安全的目的。

1. 道岔开通信号,表示进路道岔准备妥当

昼间——拢起的黄色信号旗高举头上左右摇动;夜间——白色灯光高举头上(图 1-99)。

机车出入段进路道岔准备妥当后,显示如下道岔开通信号:

昼间——展开的黄色信号旗高举头上左右摇动;

夜间——黄色灯光高举头上左右摇动(图 1-100)。

图 1-98　指挥机车向显示人反方向稍行移动的信号

图 1-99　进路道岔开通手信号

图 1-100　进路道岔开通手信号

2. 股道号码信号,要道或回示股道开通号码

一道:昼间——两臂左右平伸;夜间——白色灯光左右摇动(图 1-101)。

二道:昼间——右臂向上直伸,左臂下垂;夜间——白色灯光左右摇动后,从左下方向右上方高举(图 1-102)。

三道:昼间——两臂向上直伸;夜间——白色灯光上下摇动(图 1-103)。

四道:昼间——右臂向右上方,左臂向左下方各斜伸 45°;夜间——白色灯光高举头上左右小动(图 1-104)。

五道:昼间——两臂交叉于头上;夜间——白色灯光作圆形转动(图 1-105)。

图 1-101　一道手信号

图 1-102　二道手信号

图 1-103　三道手信号

图 1-104　四道手信号

图 1-105　五道手信号

六道：昼间——左臂向左下方，右臂向右下方各斜伸 45°；夜间——白色灯光作圆形转动后，再左右摇动（图 1-106）。

图 1-106　六道手信号

七道:昼间——右臂向上直伸,左臂向左平伸;夜间——白色灯光作圆形转动后,左右摇动,然后再从左下方向右上方高举(图1-107)。

图1-107　七道手信号

八道:昼间——右臂向右平伸,左臂下垂;夜间——白色灯光作圆形转动后,再上下摇动(图1-108)。

图1-108　八道手信号

九道:昼间——右臂向右平伸,左臂向右下斜45°;夜间——白色灯光作圆形转动后,再高举头上左右小动(图1-109)。

十道:昼间——左臂向左上方,右臂向右上方各斜伸45°;夜间——白色灯光左右摇动后,再上下摇动作成十字形(图1-110)。

十一至十九道,须先显示十道股道号码,再显示所要股道号码的个位数信号。

二十道及其以上的股道号码,各站根据需要自行规定,并纳入《车站行车工作细则》简称《站细》。

3. 连结信号,表示连挂作业

昼间——两臂高举头上,使拢起的手信号旗杆成水平末端相接;夜间——红、绿色灯光(无

图 1-109　九道手信号

图 1-110　十道手信号

绿色灯光的人员,用白色灯光)交互显示数次(图 1-111)。

图 1-111　连结手信号

4. 溜放信号,表示溜放作业

昼间——拢起的手信号旗两臂高举头上交叉后,急向左右摇动数次;夜间——红色灯光作圆形转动 (图 1-112)。

图 1-112　溜放作业手信号

5. 停留车位置信号

表示车辆停留地点夜间——白色灯光左右小摇动（图 1-113）。

6. 十、五、三车距离信号

表示推进车辆的前端距被连挂车辆的距离。

昼间展开的绿色信号旗单臂平伸，夜间绿色灯光，在距离停留车十车（约 110 m）时连续下压三次，五车（约55 m）时连续下压两次，三车（约 33 m）时下压一次（图 1-114）。

7. 取消信号，通知将前发信号取消

昼间——拢起的手信号旗，两臂于前下方交叉后，急向左右摇动数次；夜间——红色灯光作圆形转动后，上下摇动（图 1-115）。

图 1-113　停留车位置手信号

图 1-114　十、五、三车距离手信号

图 1-115　取消手信号

8. 要求再度显示信号，前发信号不明，要求重新显示

昼间——拢起的手信号旗右臂向右方上下摇动；夜间——红色灯光上下摇动（图 1-116）。

图 1-116　要求再度显示手信号

9. 告知显示错误的信号，告知对方信号显示错误

昼间——拢起的手信号旗两臂左右平伸同时上下摇动数次；夜间——红色灯光左右摇动（图 1-117）。

在显示手信号时，凡昼间持有手信号旗的人员，应将信号旗拢起，左手持红旗，右手持绿旗（扳道员右手持黄旗），不持信号旗的人员徒手按相应的各条规定方式显示信号。

五、试验列车自动制动机的手信号

为了保证列车制动机的作用良好，于列车到达后或始发前，必须按规定的制动机性能试验项目和要求，进行列车制动机试验。因检车人员不配备手信号旗和信号灯，所以规定昼间使用检查锤，夜间使用白色灯光，做为制动机试验时的手信号显示。车站值班员

图 1-117　告知显示错误手信号

昼间显示上述手信号时，可使用拢起的手信号旗代替。司机应注意瞭望试风信号，并按规定鸣笛回示。

1. 制动

昼间——用检查锤高举头上；夜间——白色灯光高举（图 1-118）。

图 1-118　列检人员要求制动手信号

2. 缓解

昼间——用检查锤在下部左右摇动；夜间——白色灯光在下部左右摇动（图 1-119）。

3. 试验结束

昼间——用检查锤作圆形转动；夜间——白色灯光作圆形转动（图 1-120）。

车站人员显示上述信号时，昼间可用拢起的信号旗代替。司机应注意瞭望试验信号，并按规定回答。

如列车制动主管未达到规定压力，试验人员要求司机继续充风时，按照缓解的信号同样

图 1-119　列检人员要求缓解手信号

图 1-120　列车制动机试验完了手信号

显示。

六、临时升降弓手信号

发现接触网故障,需要机车临时降弓通过时,发现的人员应在规定地点显示以下手信号:

1. 降弓手信号

昼间——左臂垂直高举,右臂前伸并左右水平重复摇动;夜间——白色灯光上下左右重复摇动(图 1-121)。

2. 升弓手信号

昼间——左臂垂直高举,右臂前伸并上下重复摇动;夜间——白色灯光作圆形转动

图 1-121　降弓手信号

（图 1-122）。

图 1-122　升弓手信号

第六节　信号表示器及信号标志

一、信号表示器

信号表示器与信号机不同,信号机是用来防护进路、防护区间、防护危险地点的;信号表示器则没有防护意义,仅用来表示行车人员的意图、行车设备的位置、状态及信号机显示的附加意义等。通过它的表示对列车运行或调车工作发出指示。

（一）道岔表示器

道岔表示器设在所属道岔的旁侧，用于表示所属道岔位置即开通方向，以便有关行车人员能随时确认行车进路。其显示方式如下：

1. 昼间无显示，夜间为紫色灯光——表示道岔位置开通直向（图 1-123）。

图 1-123　道岔表示器之一

2. 昼间为中央划有一条鱼尾形黑线的黄色鱼尾形牌，夜间为黄色灯光——表示道岔位置开通侧向（图 1-124）。

图 1-124　道岔表示器之二

3. 在调车区为集中联锁时，进行连续溜放作业的分歧道岔应有道岔表示器，平时无显示，当进行溜放作业时，其显示方式（图 1-125）如下：

图 1-125　道岔表示器之三

（1）紫色灯光——表示道岔开通直向；

（2）黄色灯光——表示道岔开通侧向。

（二）脱轨表示器

脱轨表示器设在非集中的脱轨器和引向安全线、避难线的道岔旁，用以表示线路的开通或遮断状态。其显示方式如下：

1. 带白边的红色长方牌及红色灯光——表示线路在遮断状态(图1-126)。
2. 带白边的绿色圆牌及月白色灯光——表示线路在开通状态(图1-127)。

图1-126 脱轨表示器之一

图1-127 脱轨表示器之二

(三)进路表示器

当出站信号机有两个及以上的运行方向,而信号显示不能分别表示进路方向时,在出站信号机上应装设进路表示器,以区分进路开通方向。

发车进路兼作出站信号机,根据需要也可装设进路表示器,区分进路方向。双向自动闭塞区段,有反方向运行条件时,出站信号机设进路表示器。

进路表示器仅在其主体信号机开放时点亮,用于区别进路开通方向,不能独立构成信号显示。其显示方式如下:

1. 两个发车方向,当信号机在开放的条件下,分别按左、右两个白色灯光,区别进路开通方向(图1-128)。

2. 三个发车方向,其显示方式如下:

(1)信号机在开放状态及表示器左方显示一个白色灯光——表示进路开通,准许列车向左侧线路发车(图1-129);

图1-128 左右两个白色灯光

图1-129 进路表示器之一

(2)信号机在开放状态及表示器中间显示一个白色灯光——表示进路开通,准许列车向中间线路发车(图1-130);

(3)信号机在开放状态及表示器右方显示一个白色灯光——表示进路开通,准许列车向右侧线路发车(图1-131)。

3. 四个及其以上发车方向,进路表示器按灯光排列表示。四个发车方向(由左至右 A、B、C、D 方向)显示方式如下:

图 1-130　进路表示器之二

图 1-131　进路表示器之三

　　(1)信号机在开放状态及表示器左方横向显示两个白色灯光——表示进路开通,准许列车向左侧 A 方向线路发车(图 1-132)。

　　(2)信号机在开放状态及表示器左方斜向显示两个白色灯光——表示进路开通,准许列车向左侧 B 方向线路发车(图 1-133)。

图 1-132　进路表示器之四

图 1-133　进路表示器之五

　　(3)信号机在开放状态及表示器右方斜向显示两个白色灯光——表示进路开通,准许列车向右侧 C 方向线路发车(图 1-134)。

　　(4)信号机在开放状态及表示器右方横向显示两个白色灯光——表示进路开通,准许列车向右侧 D 方向线路发车(图 1-135)。

　　4. 五个发车方向(由左至右 A、B、C、D、E 方向)显示方式如下:

　　(1)同四个发车方向的第(1)项——表示进路开通,准许列车向左侧 A 方向线路发车(图 1-132)。

　　(2)同四个发车方向的第(2)项——表示进路开通,准许列车向左侧 B 方向线路发车(图 1-133)。

（3）信号机在开放状态及表示器中间竖向显示两个白色灯光——表示进路开通，准许列车向中间 C 方向线路发车（图 1-136）。

（4）同四个发车方向的第（3）项——表示进路开通，准许列车向右侧 D 方向线路发车（图 1-134）。

图 1-134 进路表示器之六

图 1-135 进路表示器之七

（5）同四个发车方向的第（4）项——表示进路开通，准许列车向右侧 E 方向线路发车（图 1-135）。

5. 在双线区段仅用于区分反方向发车时，其显示方式如下：

（1）信号机在开放状态且表示器不点亮——准许列车正方向发车（图 1-137）。

图 1-136 进路表示器之八

图 1-137 进路表示器之九

（2）信号机在开放状态且表示器显示一个白色灯光——准许列车反方向发车（图 1-138）。

（四）发车线路表示器

设有线群出站信号时，应在线群每一条线路的警冲标内方适当地点，装设发车线路表示器，用以表示线路的开通状态。其显示方式如下：

发车线路表示器在线群出站信号机开放后显示一个白色灯光准许该线路上的列车发车（图 1-139）。

不许发车的线路，所属该线路的发车线路表示器不能点亮。

发车线路表示器可用于驼峰调车场，作为调车线路表示器，显示一个白色灯光——准许调车。

图 1-138 进路表示器之十

（五）发车表示器

对于发车指示信号或发车手信号辨认困难而中转信号又将延误时间的线路，为了便于司机及时获得信号指示，装设发车表示器用以代替发车手信号，以免耽误列车出发。

其显示方式为发车表示器常态不显示；显示一个白色灯光——表示车站人员准许发车（图1-140）。

图 1-139　发车线路表示器

图 1-140　发车表示器

（六）调车表示器

在作业繁忙的调车场，因受地形地物的影响。调车司机看不清调车指挥人的手信号时应设调车表示器，用以代替调车指挥人的手信号。调车表示器向前后两方均能单独显示；一方向着调车区，一方向着牵出线。其显示方式如下：

1. 向调车区方向显示一个白色灯光——准许机车车辆自调车区向牵出线运行（图1-141）。

2. 向牵出线方向显示一个白色灯光——准许机车车辆自牵出线向调车区运行（图1-142）。

3. 向牵出线方向显示两个白色灯光——准许机车车辆自牵出线向调车区溜放（图1-143）。

图 1-141　调车表示器之一

图 1-142　调车表示器之二

图 1-143　调车表示器之三

（七）车挡表示器

车挡表示器设置在线路终端的车挡上（安全线及避难线可不设车挡表示器），用于表示线路的终端。其显示为昼间一个红色方牌，夜间显示一个红色灯光（图1-144）。

图 1-144　车挡表示器

二、信号标志

信号标志是表示线路所在地点的情况和状态,指示行车人员依据各标志的要求,及时正确地进行作业的标志。信号标志包括:警冲标、站界标、预告标、引导员接车地点标、司机鸣笛标,电气化区段的电力机车禁停标、断电标、合电标,接触网终点标,准备降下受电弓标、降下受电弓标、升起受电弓标,作业标、减速地点标、补机终止推进标、机车停车位置标,四显示机车信号接通标,四显示机车信号断开标,轨道电路调谐区标志,级间转换标,通信模式转换标,以及除雪机用的临时信号标志等。

信号标志设在列车运行方向左侧,(警冲标除外)双线区段的轨道电路调谐区等标志设右线路外侧。

1. 警冲标

设在两会合线路线间距离为 4 m 的中间。线间距离不足 4 m 时,设在两线路中心线最大间距的起点处(图 1-145)。在线路曲线部分所设道岔附近的警冲标与线路中心线间的距离应按限界的加宽增加。

其用途是指示机车车辆停车时不准向道岔方向或线路平面交叉处所越过的地点。

图 1-145　警冲标

2. 站界标

设在双线区间列车运行方向左侧最外方顺向道岔(对向出站道岔的警冲标)外不少于 50 m 处,或邻线进站信号机相对处。表示区间与车站的分界处(图 1-146)。

3. 预告标

设在进站信号机及线路所通过信号机外方900 m、1 000 m 及 1 100 m 处,但在设有预告或接近信号机及自动闭塞的区段,均不设预告标(图 1-147)。

在双线区间,退行的列车看不见邻线的预告标时,在距站界外 1 100 m 处特设一个预告标(图 1-148)。

图 1-146　站界标

图 1-147　预告标

图 1-148　双线区间特设预告标的设置位置(长度单位:m)

4. 引导员接车地点标

列车在距站界 200 m 以外,不能看见引导人员在进站信号机或站界标处显示的手信号时,须在列车距站界 200 m 外能清晰地看见引导人员手信号的地点设置(图 1-149)。

5. 司机鸣笛标

设在道口、大桥、隧道及视线不良地点的前方 500~1 000 m 处。在非限鸣区域,司机见此标志须长声鸣笛。在限鸣区域内,司机见此标志应开启灯显示警设备,除遇危及行车安全等情况外,限制鸣笛(图 1-150)。

6. 电力机车禁停标

设在站场、区间接触网不同供电臂间的电分段两端,电力机车在该标志提示的禁停区域内不得停留(图 1-151)。

图 1-149　引导员接车地点标

图 1-150　司机鸣笛标

图 1-151　电力机车禁停标

7. 断电标

在电气化区段接触网电分相前方,分别设断电标[图 1-152(a)]、禁止双弓标(图 1-154)。对于最高运行速度大于 120 km/h 的旅客列车、特快货物班列及最高运行速度为120 km/h的货物列车、快速货物班列运行的线路,在断电标的前方增设特殊断电标如图 1-152(b)图所示。在接触网电分相后方设合电标,如图 1-153 所示,设置位置如图 1-155所示。在双线电气化区段,在"合"、"断"电标背面,可分别加装"断"、"合"字标,作为反方向行车的"断"、"合"电标使用。

(a)断电标　　　　　　　　(b)特殊断电标

图 1-152　断电标

图 1-153　合电标

图 1-154　禁止双弓标

图 1-155　受电弓断电标、合电标、禁止双弓标等信号标志设置位置(长度单位:m)

8. 接触网终点标

设在接触网边界(图 1-156)。

9. 降下受电弓标

在电气化线路接触网故障降弓地段前方,分别设准备降下受电弓标(图 1-157)、降下受电弓标

（图 1-158）；对于最高运行速度大于 120 km/h 的旅客列车、特快货物班列及最高运行速度为 120 km/h的货物列车、快速货物班列运行的线路,在降下受电弓标的前方增设特殊降弓标（图 1-158）。在降弓地段后方,设升起受电弓标（图 1-159）,设置位置如图 1-160 所示。

图 1-156　接触网终点标

图 1-157　准备降下受电弓标

图 1-158　降弓、T 降弓标

图 1-159　升弓标

图 1-160　准备弓标、降弓、殊降降弓标等信号标志设置位置图（长度单位：m）

10. 作业标

设在施工线路及其邻线距施工地点两端 500～1 000 m 处。司机见此标志须提高警惕,长声鸣笛（图 1-161）。

11. 减速地点标

设在需要减速地点的两端各 20 m 处。正面表示列车应按规定限速通过地段的始点,背面表示列车应按规定限速通过地段的终点（图 1-162）。

图 1-161　作业标

正面

背面

图 1-162　减速地点标

12. 终止推进标和停车位置标

补机终止推进标(图 1-163)、机车停车位置标(图 1-164),设置位置由铁路局规定。

图 1-163　补机终止推进标

图 1-164　机车停车位置标

13. 四显示机车信号接通标(机车信号接通标)

涂有白底色、黑竖线、黑框的反光菱形板及黑白相间的立柱标志(图 1-165)。

14. 四显示机车信号断开标

涂有白底色、中间断开的黑横线、黑框的反光菱形板及黑白相间的立柱标志(图 1-166)。

图 1-165　四显示机车信号接通标

图 1-166　四显示机车信号断开标

15. 轨道电路调谐区标志

Ⅰ型为反向区间停车位置标,涂有白底色、黑框、黑"停"字、斜红道,标明调谐区长度的反光菱形板标志(图1-167)。

Ⅱ型为反方向行车困难区段的容许信号标,涂有黄底色、黑框、黑"停"字、斜红道,标明调谐区长度的反光菱形板标志(图1-168)。

Ⅲ型用于反方向运行合并轨道区段之间的调谐区或因轨道电路超过允许长度而设立分隔点的调谐区,为涂有蓝底色、白"停"字、斜红道,标明调谐区长度的反光菱形板标志(图1-169)。

图1-167　Ⅰ型调谐标　　　　　图1-168　Ⅱ型调谐标　　　　　图1-169　Ⅲ型调谐标

以上三种调谐区标志均使用黑白相间的立柱。

16. 级间转换标

在CTCS-0/CTCS-2级转换边界一定距离前方的级间转换应答器组对应的线路左侧设级间转换标志。该标志采用涂有白底色、黑框、写有黑"C0""C2"标记的反光菱形板及黑白相间的立柱,如图1-170所示。

(a)　　　　　　　　　　　　　(b)

图1-170　级间转换标

17. 通信模式转换标

在始发站列车停车标内方或需要转换通信模式的相应地点设机车综合无线通信设备通信模式转换提示标志,标志牌顶边距轨面 2.5 m。该标志标面采用涂有白底色、黑框、写有黑"通信转换"字样的方形板,如图 1-171 所示。

（a）　　　　　　　　　　　　　（b）

图 1-171　通信模式转换标

18. 通知操纵除雪机人员的临时信号标志(图 1-172)

图 1-172　除雪机有关标志及其设置(长度单位:m)

(1)除雪机工作阻碍标——表示前面有道口、道岔、桥梁等建筑物,妨碍除雪机在工作状态下通过;

(2)除雪机工作阻碍解除标——表示已通过阻碍地点。

三、线路标志

线路标志包括:公里标、半公里标,曲线标,圆曲线和缓和曲线的始终点标,桥梁标,隧道(明洞)标,坡度标,以及铁路局、工务段、线路车间、线路工区和供电段的界标。

线路、信号标志应设在其内侧距线路中心应不少于 3.1 m 处(警冲标除外)。线路标志,按计算公里方向设在线路左侧。双线区段须另设线路标志时,应设在列车运行方向左侧。

1. 公里标、半公里标,设在一条线路自起点计算每一整公里、半公里处(图 1-173)。

2. 曲线标,设在曲线中点处,标明曲线中心里程、半径大小、曲线和缓和曲线长度(图 1-174)。

3. 圆曲线和缓和曲线始终点标,设在直缓、缓圆、圆缓、缓直各点处,标明所向方向为直线、圆曲线或缓和曲线(图 1-175)。

图 1-173　公里标、半公里标

图 1-174　曲线标

图 1-175　圆曲线和缓和曲线始终点标

4. 桥梁标，设在桥梁两端桥头处，标明桥梁编号、中心里程和长度（图 1-176）。

5. 隧道（明洞）标，直接标注在隧道（明洞）两端洞门端墙上，标明隧道号或名称，中心里程和长度（图 1-177）。

图 1-176　桥梁标

图 1-177　隧道（明洞）标

6. 坡度标，设在线路坡度的变坡点处，两侧各标明其所向方向的上、下坡度值及其长度（图 1-178）。

图 1-178　坡度标

7. 铁路局、工务段、线路车间、线路工区和供电段的管界标，设在各该单位管辖地段的分界点处，两侧标明所向的单位名称（图1-179）。

四、列车标志

列车应根据其种类及运行的线路和方向，在头部和尾部分别显示不同的列车标志。列车标志的显示方式，昼间与夜间相同，但昼间不点灯，其显示方式如下：

1. 列车在双线区段正方向及单线区段运行时，机车前端，一个头灯及中部右侧一个白色灯光（图 1-180）；列车尾部，两个侧灯，向后显示红色灯光，向前显示白色灯光；挂有货物列车车尾装置时，为列尾装置向后显示红白相间的反射标志和一个红色闪光灯光（图 1-181）。

图 1-179　管界标

2. 列车在双线区段反向运行时，机车前端一个头灯及中部右侧一个红色灯光（图 1-182）；列车尾部标志与本条第 1 款同。

3. 列车推进运行时，列车前端两个侧灯，向前显示红色灯光，向后显示白色灯光；挂有货物列车列尾装置时，为列尾装置向前显示红白相间的反射标志和一个红色闪光灯光（图 1-183）。机车后端中部左侧一个红色灯光（图 1-184）。

列车在双线区段正向推进运行时，列车前端向前显示左侧一个红色灯光，右侧一个白色灯光；向后显示左侧一个白色灯光；挂有货物列车列尾装置时，为列尾装置向前显示红白相间的

图 1-180　列车在双线区段正方向及单线区段运行时机车前端标志

图 1-181　列车在双线区段正方向及单线区段运行时列车尾部标志

图 1-182　列车在双线区段反方向运行时机车前部标志

反射标志和一个红色闪光灯光(图 1-185)。

　　4. 列车后端挂有补机时,机车后端标志与本条第 3 款同。

　　5. 单机在双线区段正方向及单线区段运行时,机车前端标志与本条第 1 款同;后端标志

图 1-183　列车推进运行时前端标志

图 1-184　列车推进运行时机车尾部标志

图 1-185　列车在双线区段正向推进时标志

与本条第 3 款同。

　　6. 单机在双线区段反方向运行时,机车前端标志与本条第 2 款同;后端标志与本条第 3 款同。

7. 调车机车及机车出入段时,机车前端标志与本条第 1 款同;机车后端中部左侧一个白色灯光(图 1-186)。

图 1-186　调车机车及机车出入段时机车后端标志

8. 轨道车运行时,前端一个白色灯光(图 1-187);后端一个红色灯光(图 1-188)。

图 1-187　轨道车运行时前端标志　　　　　　　图 1-188　轨道车运行时后端标志

第七节　听觉信号

一、使用要求

听觉信号是以不同的音响符号,通过口笛、号角、机车及轨道车的鸣笛等发出的音响而表示的一种信号。

由于铁路行车工作是由各工种联合劳动而进行的,彼此间有大量的工作需要联系,而许多工作又不能用口头、电话设备及视觉信号完全代替,所以规定了统一的听觉信号,以便于共同执行。司机鸣示听觉信号时,应严格按照音节长短及间隔的规定标准进行,以防发生混淆。听觉信号的长声为 3 s,短声为 1 s,音响间隔为 1 s。重复鸣示时,须间隔 5 s 以上。

二、鸣示方式

1. 机车、自轮运转特种设备作业中提示注意、相互联系等应使用通信设备方式。遇联系不通或危及行车人身安全时,应采用鸣笛方式。机车、自轮运转特种设备鸣笛鸣示方式(表1-1)。

表1-1　机车、自轮运转特种设备鸣笛鸣示方式表

名　称	鸣示方式	使用时机
起动注意信号	一长声 —	1. 列车起动或机车车辆前进时(双机牵引或使用补机时,本务机车鸣笛后,补机应回答,本务机车再鸣笛一长声后起动) 2. 接近鸣笛标、道口、桥梁、隧道、行人、施工地点或天气不良时 3. 电力机车、自轮运转特种设备在检修及整备中,准备降下或升起受电弓时
退行信号	二长声 — —	列车、机车车辆、单机开始退行时
召集信号	三长声 — — —	要求防护人员撤回时
牵引信号	一长一短声 — •	途中本务机车要求补机牵引运行时(补机应以同样信号回答)
惰行信号	一长二短声 — • •	本务机车要求补机惰力推进或要求补机断开主断路器时(补机应以同样信号回答)
途中降弓信号	一短一长声 • —	1. 电力机车双机牵引中,本务机车司机要求补机降下受电弓时(补机须以同样信号回答) 2. 电力机车司机在途中发现降弓手信号时,应鸣此信号回示
途中升弓信号	一短二长声 • — —	1. 电力机车双机牵引中,本务机车司机要求补机升起受电弓时(补机须以同样信号回答) 2. 电力机车司机在途中发现升弓手信号时,应鸣此信号回示
呼唤信号	二短一长声 • • —	1. 机车要求出入段时 2. 在车站要求显示信号时
警报信号	一长三短声 — • • •	发现线路有危及行车安全的不良处所时
试验自动制动机及复示信号	一短声 •	1. 试验制动机开始减压时 2. 接到试验制动结束的手信号,回答试风人员时 3. 调车作业中,表示已接受调车长所发出的手信号时
缓解及溜放信号	二短声 • •	1. 试验制动机缓解时 2. 要求列车乘务组缓解人力制动机时 3. 复示溜放调车信号时
拧紧人力制动机信号	三短声 • • •	1. 要求列车乘务组拧紧人力制动机时 2. 要求就地制动时
紧急停车信号	连续短声 • • • • • • •	司机发现(或接到通知)邻线发生障碍,向邻线上运行的列车发出紧急停车信号时。邻线列车司机听到此种信号后,应紧急停车

2. 口笛、号角鸣示方式(表1-2)。

表1-2　口笛、号角鸣示方式

用途及时机	鸣示方式	
发车、指示机车向显示人反方向移动	一长声	—
指示机车向显示人方向移动	一短一长声	• —
试验制动机减压	一短声	•
试验制动机缓解	二短声	• •
试验制动机结束及安全信号	一短一长二短声	• — • •

续上表

用途及时机		鸣示方式	
一道		一短声	•
二道		二短声	• •
三道		三短声	• • •
四道		四短声	• • • •
五道		五短声	• • • • •
六道		一长一短声	— •
七道		一长二短声	— • •
八道		一长三短声	— • • •
九道		一长四短声	— • • • •
十道		二长声	— —
二十道		二短二长声	• • — —
十、五、三车距离信号	十车	三短声	• • •
	五车	二短声	• •
	三车	一短声	•
连结及停留车位置		一长一短一长声	— • —
停车		连续短声	• • • • • •
要求司机鸣笛		二长三短声	— — • • •
试拉		一短声	•
减速		连续二短声	• •
溜放		三长声	— — —
取消		二长一短声	— — •
再显示		二长二短声	— — • •
车接近通报信号	上行	二长声	— —
	下行	一长声	—

本章小结

　　通过对本章内容的学习,熟练掌握铁路固定信号。机车信号、移动信号、临时防护信号。机车运行手信号、调车手信号。联系手信号、信号表示器、信号标志及听觉信号的使用时机和使用方法,在铁路运输生产中必须严格执行,确保铁路运输安全正点、方便快捷、高速高效。本章重点是行车信号的显示方式及所指示的行车条件;手信号的显示方式及所指示的行车条件。

自测练习题

　　1. 铁路信号的分类有几种? 内容是什么?

　　2. 地面固定信号机按用途怎么分类?

　　3. 地面固定信号机按时间怎么分类?

4. 对铁路信号的要求有哪些内容?

5. 地面固定信号机的显示距离有什么规定?

6. 说明信号机发生灯光熄灭等故障时的处理办法。

7. 视觉信号的基本颜色是什么?

8. 听觉信号是由哪些器具发出的? 怎样表达不同的要求?

9. 信号机的定位是怎样规定的?

10. 信号机的关闭时机是怎样规定的?

11. 哪些信号机在灯光熄灭、显示不明或显示不正确时视为停车信号?

12. 无效信号机怎样处理?

13. 进站色灯信号机的作用、设置位置、显示方式及显示内容是什么。

14. 说明出站色灯信号机的作用、设置位置、显示方式及显示内容。

15. 说明自动闭塞通过色灯信号机的作用、设置位置、显示方式及显示内容。

16. 容许信号机的设置、显示及其显示意义是什么?

17. 在哪些地点设置遮断信号机? 遮断信号机的显示方式及意义是什么? 遮断信号机的外形有什么特点?

18. 说明调车信号机的作用、设置位置及显示方式。

19. 连续式机车信号机的显示方式及内容是什么?

20. 接近连续式机车信号机的显示方式及内容是什么?

21. 机车信号是否可作为主体信号? 为什么?

22. 什么叫移动信号? 移动信号的分类及使用有何规定?

23. 怎样使用响墩、火炬信号? 执行响墩、火炬信号的要求是什么?

24. 什么叫手信号? 显示手信号的要求是什么?

25. 列车运行手信号的显示方式有几种? 内容是什么?

26. 调车手信号的显示方式有几种? 内容是什么?

27. 联系用的手信号有几种? 内容是什么?

28. 信号表示器有几种? 显示方式是什么?

29. 什么叫信号标志? 有哪几种类型?

30. 说明机车、轨道车的鸣笛方式及使用时机。

第二章　编组列车

内容描述

本章内容讲述列车编组的基本要求,列车中机车的编挂,单机挂车的规定,列车中车辆的摘挂分工以及列车中关于关门车的相关规定。其中重点是与机车乘务人员作业密切相关的列车编组规定。

学习目标

【知识目标】

◆掌握编组列车的基本要求。

◆掌握车辆的编挂要求。

◆掌握货物列车中关门车的编挂。

【能力目标】

◆能说出工作机车的编挂,单机挂车运用方式。

◆能说出列尾装置的摘挂及运用。

◆能说出旅客列车临时关门车的编挂。

第一节　编组列车的一般要求

一、编组列车的基本要求

列车应按《技规》、列车编组计划和列车运行图规定的编挂条件、车组、重量或长度编组。

列车重量应根据机车牵引力、区段内线路状况及其设备条件确定。编组超重列车时,编组站、区段站应商得机务段调度员同意,在中间站应得到司机的同意,并均须经列车调度员准许。

列车长度应根据运行区段内各站到发线的有效长,并须预留 30 m 的附加制动距离来确定。超长列车运行办法,由各铁路局集团公司(以下简称铁路局)规定。

动车组以外的旅客列车按列车编组表编组,机车后第一位编挂一辆未搭乘旅客的车辆作为隔离车。行李车、邮政车、发电车等非乘坐旅客的车辆应分别挂于机车后第一位和列车尾部起隔离作用;在装设集中联锁的区段,并设有列车运行监控装置时,旅客列车可不挂隔离车。如隔离车在途中发生故障摘下时,可无隔离车继续运行。局管内旅客列车经铁路局长批准可不隔离。

军用列车的编组,按有关规定办理。

二、列车重量（即牵引定数）**的确定**

列车重量又称列车运行图的牵引定数，即图定重量。应根据线路纵断面、机车类型、地区海拔高度、站场设备及运量等条件，进行科学计算和牵引试验来查定。并应考虑按线、按方向尽可能平衡一致，兼顾邻线衔接，减少车站作业，加速机车、车辆的周转。

实际上，在编组列车时，图定重量与列车实际重量并不一定完全相符。对此，《铁路机车运用管理规程》（简称《运规》）就列车重量尾数的波动范围作了规定：货物列车牵引重量（除另有规定外）允许上下波动为 81 t 以内；线路坡度在 12.5‰ 以上的区段，长大隧道牵引定数在 1 500 t 及其以上的尾数波动，铁路局管内由铁路局规定；跨铁路局的由所跨两局协商后报中国铁路总公司批准；旅混列车、行包专列按牵引辆数不向上波动；冬运期间因天气严寒须减吨时，铁路局管内可根据具体情况按牵引定数减少 10%～20%；跨铁路局的列车需减吨时，须报铁路总公司批准。暑期因隧道内高温或因天气不良、施工慢行、列车限速等需减吨时，铁路局管内由铁路局规定，跨铁路局的报中国铁路总公司批准。

编组超重列车时，编组站、区段站应商得机务段（折返段）机车调度员同意，在中间站应得到司机的同意，并均须经列车调度员命令准许。

三、列车长度的确定

列车长度是根据牵引区段内各站到发线的有效长度，并预留 30 m 的附加制动距离后确定。该列车长度为列车运行图的规定长度。

列车换长的计算公式为：列车换长＝（到发线有效长度－30 m）/11

超重列车指列车重量超过图定质量 81 t 及以上，连续运行距离超过机车乘务规定区段 1/2 的货物列车。在编组超重列车发往区间前，为使指挥和操纵人员做到心中有数，防止因运缓或区间停车打乱正常的运输秩序。编组站、区段站应商得机务（折返）段机车调度员的同意。在中间站应得到司机的同意，并需由列车调度员准许。

超长列车指凡超过列车运行图所规定换长的 1.3 倍及以上的列车。编组超长列车发往区间时，其运行办法，按铁路局的规定执行。

欠重列车指凡低于图定重量 81 t 及以上，同时换长欠 1.3 倍及以上，连续运行距离超过机车乘务规定区段 1/2 的列车。

欠长列车指换长低于列车运行图规定长度的 1.3 倍及以上的列车。

另外，对于单机、动车组及重型轨道车，因其编组内容比较简单，虽未编挂车列，但在区间运行时对行车安全和运输效率一样有着重要的影响。所以，虽然未完全具备列车的条件，在发往区间时，仍然按照列车办理。

第二节　列车中机车的编挂及单机挂车

一、对出段机车基本要求

牵引列车的机车在出段前，必须达到运用状态，下列主要部件和设备必须作用良好并符合要求。

1. 机车的牵引、走行、制动系统，安全保护装置，照明和信号标志，行车安全设备。

2. 机车制动缸活塞行程按《技规》269 条第 29 表规定执行，采用单元制动器的制动闸瓦与轮箍踏面的缓解间隙为 4～8 mm。

3. 车钩中心水平线距钢轨顶面高度为 815～890 mm。

4. 轮对：

(1)轮对内侧距离为 1 353 mm，允许偏差为±3 mm；

(2)轮箍或轮毂不松弛；

(3)轮箍、轮毂、辐板(辐条)、轮辋无裂纹；

(4)轮缘的垂直磨耗高度不超过 18 mm，并无碾堆；

(5)车轮踏面擦伤深度不超过 0.7 mm；

(6)车轮踏面上的缺陷或剥离长度不超过 40 mm，深度不超过 1 mm；

(7)轮缘厚度在距踏面基线向上 H 距离处测量应符合表 2-1 的规定(轮缘原设计厚度在 25 mm 及其以下，由铁路局规定)；

表 2-1　轮缘厚度测量

序　号	机车轮箍踏面类型	测量点与踏面基线之间距离 H(mm)	轮箍厚度限制(mm)
1	ST_2	10	33～23
2	JM_1、JM_2	10	34～23
3	锥型踏面	11.25	33～23
4	JM	12	33～23
5	DJND	12	33～24

(8)车轮踏面磨耗深度不超过 7 mm，采用轮缘高度为 25 mm 的磨耗型踏面时，其磨耗深度不超过 10 mm。

5. 电力机车的受电弓、牵引电机、辅助机组、高压电器与操纵机车有关的低压电器、蓄电池组和主、辅控制电路。

二、工作机车的编挂

凡担任列车牵引任务的机车称为工作机车，一般包括客运、货运、调车、局运等机车。为了确保工作机车乘务员方便及时的瞭望信号及标志，了解线路的情况，保证行车安全，充分发挥机车最大牵引效能，规定工作机车应挂于列车的头部且须正向运行。

但对于调车、小运转、市郊、路用列车的机车，由于路程短、牵引定数少、运行速度低，为了作业需要或单端操纵且在区段内又无转向设备的牵引机车，可以逆向运行(双端操纵的机车不存在逆向运行)。而当机车逆向运行时，由于乘务员瞭望受限制。所以，在牵引货物列车时，需将牵引定数减少 15%。

为了增加整个区段的牵引重量，提高本区段的通过能力或适应全线的牵引定数。有时需采用双机或多机牵引列车。当采用双机牵引时，两台机车需重联挂于列车头部，第一位机车担任本务机车职务，第二位为重联机车；若是多机牵引，第一位以后的机车均为重联机车，重联机车均必须服从前部机车的统一指挥，并按其要求进行操纵。如果重联的各机车类型不同，应将空气压缩机功率大或有自动停车装置的机车挂于列车头部作本务机车。

为了不减少整个区段的牵引质量，在某些困难区间可加挂补机。为便于机车之间密切联系，防止因操纵失协而挤坏车辆或断钩等事故的发生。原则上，补机应挂于本务机车的前位或次位。若非全区段加补,而需在中间站摘下补机时,为便于作业,补机最好挂于本务机车的前位,而此时则由补机临时担任本务机车的职务。当在特殊区段,如:受桥梁负重能力的影响等,或补机需要中途返回时,经铁路局批准,补机可挂于列车的后部,但需接制动软管。有时,为防止区间行车摘管造成列车起动困难而影响区间的通过能力,后部补机可不接制动软管,但须按铁路局规定的保证安全的办法执行。

三、单机挂车

所谓单机挂车是指单机回送或接运列车途中挂有少量车辆,在区间线路上运行的机车。在放行单机时,为了能有效地利用这部分机车的牵引动力,机车运用调度员准许顺路单机连挂车辆运行,即单机挂车。单机挂车在防护、瞭望、交接等方面诸多不便,同时考虑单机运转时分、用电标准、机车运用情况等因素,在区间作业不宜过多。单机挂车时规定:在线路坡度不超过12‰的区段,以10辆为限;若区段线路坡度超过12‰时,单机挂车的辆数,由铁路局规定。

单机挂车时应遵守以下规定:

1. 所挂车辆的自动制动机作用必须良好,发车前,列检(无列检时由车站发车人员)按规定进行制动试验;

2. 连挂前按规定彻底检查货物装载状态,并将编组顺序表和货运单据交与司机;

3. 在区间被迫停车后的防护工作由机车乘务组负责,开车前应确认附挂辆数和制动主管贯通状态是否良好;

4. 列车调度员应严格掌握,不得影响机车固定交路和乘务员劳动时间;

5. 不准挂装载有爆炸品、超限货物的车辆。

单机挂车时,可不挂列尾装置。

单机挂车时,为防止因车辆连挂不良,在区间坡道上造成车辆溜滑,与站内列车发生冲突,所以车辆的连挂状态需由车站人员负责。

四、回送机车的编挂

因配属、局间调拨及入厂(段)检修完毕后,而返回本段的机车称为回送机车。

铁路局所属的机车回送时,为充分利用机车牵引力,原则上应有动力附挂货物列车(电力机车经非电化区段除外)回送,为加快机车回送进度,尽可能附挂牵引直通(直达)货物列车,但货运机车不准牵引(或附挂于)旅客列车,以确保旅客列车安全。旅客列车遇特殊情况须附挂跨铁路局的回送机车时,按铁路总公司调度命令办理。入厂、段检修的主型机车确因技术不良及杂小型机车,因运输任务较小,在12 h内无牵引列车任务时,可不牵引列车而随货物列车无动力回送。

回送机车在非本区段担任牵引列车任务时,由于乘务员不熟悉该区段线路的路况及有关行车设备情况,须由担任该区段机车运用的机务段,派出指导人员添乘带道,及时介绍线路、信号及其他行车设备情况。回送机车应挂于本务机车次位。如挂于列车中部或后部,在列车制动时容易发生断钩;遇紧急制动时,可能将其前位的车辆挤坏。但在回送轨道起重机时,则一律挂于列车的中部或后部。有动力附挂回送机车,每列不得超过两台;专列回送时,每列不得超过5台;内燃、电力机车回送台数不限制。20‰及其以上坡度的区段禁止办理机车专列回送。回送机车还需考虑桥梁负载能力的限制及有火机车与装载易燃危险货物车辆的隔离。受桥梁限制必须实行隔离回送的区段,其连挂台数、隔离限制、由铁路局规定。

第三节　列车中车辆的连挂

一、列车中车辆的编挂要求

（一）客运列车中车辆的编挂

旅客列车必须严格按客车编组表所规定的车种、辆数、编挂位置编组。编入快速旅客列车的客车车辆其最高速度等级应符合该列车规定的速度要求，且在旅客列车、回送客车底不准编挂货车。

1. 旅客列车的隔离

在旅客列车编组时以发电车、行李车、邮政车等无旅客的车辆作为隔离车，它对旅客的安全起着重要的作用。在编组时，机车后第一位和列车尾部须编挂隔离车进行隔离。但在装有集中联锁计算机监测设备、列车运行监控记录装置的区段，可不挂隔离车。若隔离车在途中发生故障需摘下时，可无隔离车继续运行。局管内的旅客列车经铁路局批准可不挂隔离车。

2. 旅客列车中编入货车

由于旅客列车运行速度、技术状态的要求，车辆的构造速度及制动力较货物列车高，牵引重量小。若在旅客列车中加挂货车，不但会降低全列车的制动力和规定的运行速度，而且在制动时还会引起车辆的冲动。所以为了保证旅客列车的安全、正点。规定在一般情况不准在旅客列车中编挂货车。但在特殊情况下，如：装运抢险、救灾、救急、鲜活易腐等物资的车辆，必须要由旅客列车挂运时，局管内经铁路局批准、跨局或局管内甩挂但属跨局挂运的，须经铁路总公司批准方可挂车。但全列不得超过两辆且必须挂于列车的尾部，以免因货车挂于前部而增加列车长度，使后部客车不能靠近站台，影响旅客乘降、行包装卸等。所加挂货车车辆的技术状态和最高运行速度，须符合该列车规定速度要求。市郊旅客列车加挂货车的办法，由铁路局规定。客车编入货物列车回送时，客车编挂辆数不得超过 20 辆，应挂于列车中部或后部。装有密接式车钩的客车原则上应附挂旅客列车回送。需附挂货物列车回送时，不得超过 10 辆，其后编挂的车辆不得超过 1 辆。

编组混合列车时，为充分保证旅客的安全并兼顾舒适。禁止编入装载爆炸品、压缩气体。液化气体的车辆，对整车装载的其他危险货物的车辆，经铁路局批准后方可挂运，并须按规定进行隔离。编组装载恶臭货物的车辆时，由列车调度员指定编挂的位置。在混合列车中，乘坐旅客的车辆应连挂在一起，根据需要挂于列车的尾部或前部，并与装有高出车帮易窜货物的车辆进行隔离。

（二）货运列车中车辆的编挂

货物列车的编组，除严格按照编组计划、列车运行图的规定编组外，对于装载危险及易燃货物的车辆在运输途中的隔离，应按《铁路危险货物运输管理规则》的规定办理。

二、列尾装置的摘挂及运用

动车组以外的旅客列车应安装列尾装置。特殊情况下，无法安装或使用列尾装置时，应制定具体办法。

半自动闭塞区段货物列车尾部须挂列尾装置，其他区段货物列车尾部宜挂列尾装置。货物列车尾部未挂列尾装置时应以吊起尾部车辆软管代替尾部标志。尾部车辆软管的吊起，有列检作业的列车由列检人员负责，无列检作业的列车由车务人员负责。

旅客列车列尾装置尾部主机的安装与摘解、风管及电源的连结与摘解,由车辆部门负责。

货物列车列尾装置尾部主机的安装与摘解,由车务人员负责。软管连结,有列检作业的列车由列检人员负责;无列检作业的列车由车务人员负责。特殊情况由铁路局规定。

列尾装置在使用前必须按规定进行检测,合格后方可投入运用。

三、列车中车辆摘挂的分工

1. 连挂状态的确认

列车在编组至发车之前,有关人员必须密切配合,认真检查确认机车与车辆及车辆与车辆之间车钩的连挂状态,这一点对于确保行车安全具有特别重要的意义,应予以高度重视。动车组以外的列车中相互连挂的车钩中心水平线的高度差不得超过 75 mm。

此高度差主要是由车辆的空重、弹簧的强弱、车轮圆周的磨耗、轴径的大小、轴瓦的厚薄、运行中弹簧的振动及线路的状态等原因造成。如果此高度差超过 75 mm 易发生脱钩、断钩事故。所以,必须查明原因进行调整,若无法调整或仍达不到所规定的高度差时应将该车摘下。

2. 摘挂的分工

车辆的摘挂包括车钩、制动软管、暖气软管、电气控制连线、电灯及电话线等的连结和摘解,同时也包括折角塞门开闭情况及车钩摘挂技术状态的检查、确认等内容,对新型车辆还包括双管供风、电空联合制动线及机车供电线等的摘挂内容。机车车辆的摘挂具体分工为:

列车机车与第一辆车的连挂,由机车乘务员负责。单班单司机值乘的由列检人员负责;无列检作业的列车,由车辆乘务员负责;无车辆乘务员的列车,由车站人员负责。

列车机车与第一辆车的车钩、软管摘解,由列检人员负责。无列检作业的列车,车钩、软管摘解由机车乘务员(单班单司机值乘的由车辆乘务员)负责,软管连结由车辆乘务员负责;无车辆乘务员的列车,由机车乘务员(单班单司机值乘的由车站人员)负责。

列车机车与第一辆车电气连接线的连结与摘解由客列检作业人员负责,无客列检作业人员时,由车辆乘务员负责。

货物列车本务机车在车站调车作业时,无论单机或挂有车辆,与本列的车辆摘挂和软管摘结均由调车作业人员负责。

旅客列车在途中摘挂车辆时,车辆的摘挂和软管摘结,由调车作业人员负责,密封风挡和电气连接线的连结与摘解由车辆乘务员负责,其他由列检作业人员负责,无列检作业人员时,由车辆乘务员负责,必要时打开车门,以便于调车作业。装有密接式车钩的客车车辆摘挂时,过渡车钩的安装与拆卸由列检人员负责,无列检人员时由车辆乘务员负责。

列车机车与动车组过渡车钩的连结与摘解、软管摘结、电气连接线的连结与摘解,由随车机械师负责。

第四节　列车中"关门车"的编挂

在列车中一般要求机车和车辆的自动制动机全部加入进行全列制动。由于货物列车装载的货物需停止制动作用,或自动制动机临时发生故障,准许关闭制动支管上的截断塞门而本身失去制动力的车辆称为"关门车"。由于关门车的存在,会使全列的制动力相对降低,而无法确保列车正常的制动距离,同时也会给列车的正常运行带来不利的影响。所以,货物列车在主要列检所所在站编组始发及旅客列车始发时,均不准编挂关门车,且对允许编挂关门车的编挂辆数、编挂位置等也有严格的限制。

一、货物列车中关门车的编挂

货物列车在非主要列检所所在站编组始发时,由于所装货物规定须停止制动作用,或运行途中自动制动机临时发生故障不能修复时,允许编挂关门车。而此时,货物列车应满足每百吨列车重量的闸瓦压力不得低于 280 kN。根据列车牵引试验证明,在制动主风管达到规定标准压力时,列车在限制下坡道上遇有紧急情况,施行紧急制动能在 800 m 距离内停车。

当编入关门车的辆数不超过现车总辆数的 6%(尾数不足一辆按四舍五入计算)时,可不计算每百吨列车重量的换算闸瓦压力,不填发制动效能证明书;当超过 6% 时,须按《技现》第 261 条之规定进行闸瓦压力的计算,并填发制动效能证明书交与司机。其中,制动效能证明书的计算和填写,在有列检所的车站,由列检员负责;无列检所的车站,由车站负责。

货物列车中关门车编挂位置的限制。

1. 关门车不得挂于机车后部三辆车之内

若机后三辆车内挂有关门车,因关门车制动软管只能通风而本身无制动能力。在列车制动时,势必使列车前部制动力相对削弱而导致前冲力增加,加之风路长,后部车辆制动的延迟,必然会使列车的制动距离延长,易发生危险。在紧急制动时尤甚。

2. 列车中连续连挂不得超过两辆

若关门车连续编挂辆数过多,当列车制动时,因关门车本身无制动力而无法停轮,各车辆之间将因列车制动产生瞬间的强烈冲挤,严重时会造成脱轨、断钩等事故。

3. 列车最后一辆不得为关门车

因关门车本身无制动力,若列车最后一辆是关门车,易发生因车钩分离而形成车辆溜逸,将会产生严重后果。

4. 列车最后第二、三辆不得连续关门

若列车最后第二、三辆为关门车,当列车制动时,可能使尾部车辆因冲挤而脱轨。

对于不适于连挂在列车中部但走行部良好的车辆,经列车调度员准许,可挂于列车尾部,以一辆为限,如该车辆的自动制动机不起作用时,须由车辆人员采取安全措施,保证不致脱钩。

二、旅客列车中临时关门车的处理

旅客列车由于运行速度较高,为保证旅客的安全和在规定的制动距离内停车,旅客列车在始发站不准挂关门车。而在运行途中,若遇车辆的自动制动机临时故障,且在停车的时间内不能修复时,只准许关闭一辆且不得是列车的最后一辆。此外,当列车采用中磷铸铁闸瓦,计算制动距离为 800 m 时,要求每百吨列车重量的换算闸瓦压力最小不得低于 580 kN;当采用盘形制动时,计算制动距离为 1 100 m 及 1 400 m 时,要求每百吨列车重量的闸瓦压力最小不得低于 320 kN。

本章小结

通过对本章列车编组的基本要求、列车中机车的编挂、单机挂车的规定、列车中车辆的摘挂分工及列车中关门车的编挂规定等的系统学习,希望能进一步加强对《技规》的理解、认识。

对于机车乘务人员重点应就与乘务有关的规定、职责及要求进行熟练掌握：

1. 掌握工作机车、回送机车及单机挂车的定义及有关规定；
2. 掌握车钩状态的确认，重点掌握机车车辆的摘挂分工的有关内容；
3. 掌握关门车的定义，编挂关门车的规定及限制；
4. 了解列车编组的基本要求及规定。

自测练习题

1. 什么叫列车？说明列车重量及长度的确定原则？
2. 什么叫超重列车、超长列车？在编组超重、超长列车发往区间前有什么要求？
3. 机车重联及加挂补机的原因是什么？各有什么规定？
4. 为什么工作机车一般挂于列车头部正向运行？在哪些情况下可逆向运行？
5. 什么是回送机车？办理机车回送时有哪些要求？
6. 什么是单机挂车？单机挂车有哪些规定，挂车辆数有什么限制？
7. 机车车辆的摘挂有哪些具体分工？
8. 列车中机车与第一辆车的连挂、制动软管的连结、摘解有什么规定？
9. 什么叫关门车？在什么情况下允许挂关门车？所挂车辆数及位置有何规定？
10. 列车中相互连挂的车钩中心水平线的高度差有何规定？

第三章　行车闭塞法

内容描述

本章内容讲述铁路行车闭塞法的基本概念,自动闭塞、半自动闭塞、自动站间闭塞、电话闭塞以及电话中断时的行车方法,其中重点是各种闭塞法非正常情况下行车凭证的使用方法。

学习目标

【知识目标】

◆掌握行车闭塞法的作用种类自动闭塞的分类及占用区间的凭证。

◆掌握半自动闭塞办理程序及行车凭证。

◆掌握电话闭塞使用条件凭证,办理手续。

【能力目标】

◆能熟练运用自动闭塞非正常情况下行车方法。

◆能熟练运用半自动闭塞非正常情况下行车方法。

◆能熟练运用电话闭塞法行车。

第一节　行车闭塞法概述

一、行车闭塞法的作用

铁路为了安全、准确、迅速、协调地完成运输任务,铁路线路的设置有单线行车区段和双线行车区段。在单线行车区段列车运行时,上下行列车均在同一条线路上行驶;在双线区段的线路上列车运行时,上下行列车分别在两条线路上行驶。但同方向运行的列车往往由于列车等级及速度不同而发生让车和越行等情况。可见无论是单线区段的列车运行或是双线区段的列车运行,列车与列车之间都有可能会发生正面冲突,追尾等事故。为此,铁路在行车管理上设置一套行车设备及行车组织制度,来控制列车在区间的行动。这种通过对设在车站(线路所)的有关设备或通过信号机的控制(包括在设备因故障失效后的联系制度),保证在同一时间内,站间、所间、闭塞分区内只有一列列车运行的办法,称为行车闭塞法。保证一个区间或闭塞分区只准许运行一列列车的设备,称为闭塞设备。

二、区间及闭塞分区的划分

列车运行是以车站、线路所所划分的区间及自动闭塞区间的通过信号机所划分的闭塞分区做间隔。

区间及闭塞分区的界限,按下列规定划分:

1. 站间区间

（1）在单线上，车站与车站间以进站信号机柱的中心线为车站与区间的分界线（图 3-1）；

（2）在双线或多线上，车站与车站间分别以各该线的进站信号机柱或站界标的中心线为车站与区间的分界线（图 3-2）。

2. 所间区间

两线路所间或线路所与车站间，以该线上的通过信号机柱的中心线为所间区间的分界线。设有进站信号机的线路所，所间区间的分界方法与站间区间相同，如图 3-3（a）所示。

3. 闭塞分区

自动闭塞区间同方向相邻的两架色灯信号机间，以该线上的通过信号机柱的中心线为闭塞分区的分界线，如图 3-3（b）所示。

图 3-1　单线铁路站间区间

图 3-2　双线铁路站间区间

(a)

(b)

图 3-3　双线铁路自动闭塞分区

三、行车闭塞法的种类

行车闭塞法的作用是控制列车与列车之间保持一定距离，以保证列车安全运行。列车运行的间隔制度主要分为两大类：一类是空间间隔法，另一类是时间间隔法。

（一）空间间隔法

在铁路正线上每相隔一定距离设立一个车站（或线路所）、自动闭塞通过色灯信号机，这样把正线划分为若干个区间（或闭塞分区），在同一时间，同一空间（站间区间，所间区间或闭塞分区）内只准许一列列车运行的方法，称为空间间隔法。空间间隔法有以下优点：

1. 由于铁路线划分很多的区间（或闭塞分区），在一定时间内每一区间都可开行列车，这样可提高行车能力。

2. 由于在各个车站上都有为列车到、发、会让、越行而铺设的配线，可保证列车安全会让。

3. 由于在一个区间里只准许一列列车运行，列车可按规定的速度在区间内运行，这样既能提高列车行车速度，又能加速机车车辆周转。

4. 有的区段在干线上设立线路所，对提高干线的通过能力也起到一定的作用。

基本空间间隔具有以上优点，我国铁路正常行车采用空间间隔法。

（二）时间间隔法

时间间隔法是在一个区间里，用规定的时间将同方向运行的列车，彼此间隔开运行。

由于用时间间隔列车，没有设备上的控制，容易发生人为的事故，安全性较差。尤其采用这种间隔开行列车时，要求的条件也比较复杂，如区间内的坡道大了不行、瞭望条件差了不行、列车速度也因之受限制等。所以采取这种间隔放行列车只有在特殊情况下（如一时性的缓和列车堵塞，事故起复后的车流疏散，战时行车，一切电话中断的行车等）采用，即在同一区间内前次列车开出后，相隔一定时间再向同一方向连发第二趟列车。

四、行车闭塞法的采用

《技规》规定，行车的基本方法分基本闭塞法与代用闭塞法两类。

（一）基本闭塞法

我国铁路采用的行车基本闭塞法是自动闭塞、半自动闭塞、自动站间闭塞。

各站必须装设相应的基本闭塞设备。一个区段内原则上应采用同一类型的闭塞方式。

（二）代用闭塞法

当基本闭塞设备因故不能使用时，应根据调度命令采用电话闭塞作为代用闭塞法。电话闭塞是在没有机械、电气设备条件下，仅凭联系制度来保证实现列车运行的方法。由于安全程度较低，所以只有当基本闭塞设备不能使用时，作为临时代用的闭塞方法。

第二节　自　动　闭　塞

一、自动闭塞的分类

按照发送轨道信息的编码方式不同，可分为：交流计数电码自动闭塞、极频自动闭塞和移频自动闭塞三种。

按照信号显示方式，可分为：三显示自动闭塞和四显示自动闭塞。

目前我国广泛使用的是三显示自动闭塞。三显示自动闭塞有三种灯光显示，即红灯、黄灯和绿灯。红灯显示说明其防护的闭塞分区被占用，也可能是该分区设备或线路发生故障；黄灯显示则说明它防护的闭塞分区空闲；绿灯显示则说明其前方有两个及以上闭塞分区空闲。

四显示自动闭塞是在三显示自动闭塞基础上增加一种绿黄显示，它显示意义为前方有 4 个闭赛分区空闲，要求高速列车和重载列车减速运行，以使列车在抵达黄灯显示下运行时不大于规定的黄灯允许速度,保证在显示红灯的通过信号机前安全停车。而四显示的绿灯显示意义则为前方有三个及以上闭塞分区空闲。进站(含反方向进站)、接车进路信号机还能显示两个黄色灯光。

每一自动闭塞分区的长度,三显示自动闭塞一般为1 200～3 000 m;四显示自动闭塞一般为600～1 000 m。通过色灯信号机经常显示绿色灯光,随着列车驶入和驶出闭塞分区而自动转换。但进出站信号机的显示一般仍由车站实行人工控制,只有当连续放行通过列车时,才改由列车运行控制。

二、自动闭塞设备的使用

自动闭塞是用通过信号机将区间划分为若干个闭塞分区,列车以闭塞分区为间隔,按追踪方式运行。由于闭塞分区都设有轨道电路,通过信号机都根据列车占用或离去自动变换信号显示,指示列车运行,由运行的列车自动完成闭塞作用的一种行车闭塞方法。

自动闭塞是比较先进的行车闭塞方法,它使列车密度大大增加,提高了通过能力。由于区间线路设有轨道电路,当闭塞分区有机车、车辆占用或钢轨折断时,都能使防护该闭塞分区的通过信号机自动地显示停车信号。这样,列车在区间的运行就有了可靠的安全保障。

1. 自动闭塞区段的车站其控制台上除有站内线路、信号机的有关表示外,还有邻近车站的三个闭塞分区(四显示闭塞分区)占用情况的表示,即第一、第二、第三接近区段及第一、第二、第三离去区段,以使车站值班员了解列车在邻近闭塞分区的运行情况。出站信号机的开放受第一、第二及第三离去区段占用的限制。车站值班员在开放出站信号机前,须确认第一、第二及第三离去区段的空闲情况。根据列车性质及闭塞分区占用情况开放出站信号机。

2. 双线自动闭塞区段的车站发车时,车站值班员,在发车进路准备妥当后,从控制台上确认第一、第二、第三离去区段空闲的情况。符合发车条件时,即可开放出站信号机发车。为使接车站做好接车准备,应向接车站通报列车车次、出发时刻及有关注意事项。

3. 单线自动闭塞区段车站发车时,发车站得到列车调度员准许后,按下发车按钮,该列车运行方向的通过信号机亮灯,同时发车方向表示灯及接车站的接车表示灯亮灯,车站值班员即可开放出站信号机发车。列车到达后,接车站的接车表示灯和发车站的发车表示灯熄灭,区间空闲。

4. 在自动闭塞区段,车站进站信号机和出站信号机的开放,仍需要车站值班员在控制台上操纵。装有自动通过按钮的车站,若连续运行通过列车时,可以将进路开通正线并开放出站信号机和进站信号机后,再把控制台上的自动通过按钮按下,则进站、出站信号机均纳入自动闭塞系统,其显示同区间通过信号机。

三、列车占用区间的凭证

(一)正常情况时的行车凭证

行车凭证——列车由车站进入区间、由车站进入闭塞分区,由一个闭塞分区进入下一个闭塞分区的依据。

使用自动闭塞法行车时,列车进入闭塞分区的行车凭证为出站或通过信号机显示的允许运行的信号。

自动闭塞区段的车站,办理发车前应向接车站预告;单线自动闭塞区段的车站,还须得到列车调度员的同意(列车调度员已下达列车运行调整计划时除外)。已向接车站预告,但列车不能出发时,发车站须通知接车站取消预告。

(二)非正常情况下的发车凭证

自动闭塞区间遇下列特殊情况时,发车的行车凭证如表 3-1 所示。

表 3-1　自动闭塞区段特殊情况行车凭证表

列车出发情况	行车凭证	发给行车凭证的依据	附带条件
1. 出站信号机故障时发出列车	绿色许可证(《技规》附件 2)	1. 监督器表示第一个闭塞分区空闲,不表示时为接到前次列车到达邻站的通知或前次列车发出后不少于 10 min 的时间 2. 确认道岔位置正确及进路空闲 3. 单线须取得对方站确认区间内无迎面列车的电话记录号码	从监督器上不能确认第一个闭塞分区空闲时,车站应发给司机书面通知(《技规》附件 8),司机以在瞭望距离内能随时停车的速度,最高不超过 20 km/h,运行到第一架通过信号机,按其显示的要求执行
2. 由未设出站信号机的线路上发出列车			
3. 超长列车头部越过出站信号机发出列车			
4. 发车进路信号机发生故障时发出列车		确认道岔位置正确及进路空闲	列车到达次一信号机按其显示的要求执行
5. 超长列车头部越过发车进路信号机发出列车			
6. 自动闭塞作用良好,监督器故障时发出列车	出站信号机显示的允许运行的信号		与邻站车站值班员及本站信号员联系
7. 双线双向闭塞设备的车站,反方向发出列车		1. 区间占用表示灯表示区间空闲 2. 双线反方向行车的调度命令	反方向发车进路表示器显示正确(进路表示器故障时通知司机)

注:在四显示区段,因设备不同,执行上述条款困难的可按铁路局规定办理。

《技规》附件 2 规定的绿色许可证,其格式如表 3-2 所示。

表 3-2　绿色许可证

许　可　证

第＿＿＿＿＿号

　　在出站(进路)信号机故障、未设出站信号机、列车头部越过出站(进路)信号机的情况下,准许第＿＿＿＿＿次列车由＿＿＿＿＿线上发车。

站(站名印)车站值班员(签名)

年　　月　　日填发

注:1. 绿色纸,复写一式两份,司机一份,存根一份;　　　　(规格 90 mm×130 mm)

　　2. 不用的字抹消。

四、列车在区间的运行办法

自动闭塞区间通过信号机显示停车信号(包括显示不明或灯光熄灭)时,列车必须在该信号机前停车,司机应使用列车无线调度通信设备通知车辆乘务员(随车机械师)。停车等候2 min,该信号机仍未显示允许运行的信号时,即以遇到阻碍能随时停车的速度继续运行,最高不超过 20 km/h,运行到次一通过信号机(进站信号机),按其显示的要求运行。在停车等候同时,必须与车站值班员、列车调度员联系,如确认前方闭塞分区内有列车时不得进入。

装有容许信号的通过信号机,显示停车信号时,准许铁路局规定停车后起动困难的货物列车,在该信号机前不停车,按上述速度通过。当容许信号灯光熄灭或容许信号和通过信号机灯光都熄灭时,司机在确认信号机装有容许信号时,仍按上述速度通过该信号机。

装有连续式机车信号的列车,遇通过信号机灯光熄灭,而机车信号显示允许运行的信号时,应按机车信号的显示运行。

司机发现通过信号机故障时,应将故障信号机的号码通知前方站(列车调度员)。车站值班员(列车调度员)发现或得到区间通过信号机故障的报告后,在故障修复前,对尚未进入区间的后续列车,改按站间组织行车。

第三节　半自动闭塞

一、半自动闭塞办理程序

半自动闭塞是利用装在区间两端车站行车室内半自动闭塞机和两站相对出站信号机之间实现相互控制的一种闭塞设备。此种设备的行车闭塞作用一部分是人工操纵(办理闭塞及开放出站信号机),另一部分是靠运行列车自动完成(出站信号机在列车进入闭塞轨道电路时自动关闭),故称为半自动闭塞。

单线半自动闭塞的简要办理过程如表 3-3 所示。

表 3-3　半自动闭塞简要程序

发　车　站	接　车　站
(1)车站值班员用闭塞电话向接车站请求发车	
	(2)车站值班员同意发车
(3)按一下闭塞按钮,发车表示灯亮黄灯,电铃鸣响	
	(4)接车表示灯黄灯亮,电铃鸣响
	(5)按一下闭塞按钮,接车表示灯变为亮绿灯
(6)发车表示灯为亮绿灯,电铃鸣响。车站值班员在发车进路准备妥当后开放出站信号机	
(7)列车出发,进入发车轨道电路区段,出站信号机自动关闭,发车表示灯变为红灯	
	(8)接车表示灯亮,电铃鸣响。在进路准备妥当后,开放进站信号机
	(9)列车进入接车轨道电路区段,接车表示灯和发车表示灯均亮红灯

续上表

发　车　站	接　车　站
	(10)确认列车整列到达后,关闭进站信号机,按一下闭塞按钮,接车表示灯和发车表示灯均熄灭
(11)接车表示灯红灯熄灭,电铃鸣响	
	(12)通知邻站列车到达时刻

二、行车凭证

1. 使用半自动闭塞法行车时,列车凭出站信号机或线路所通过信号机显示的允许运行的信号进入区间。

开放出站信号机或通过信号机前,双线区段必须得到前次列车到达前方站的到达信号;单线区段必须得到接车站的同意闭塞信号。

发车站已办理闭塞手续后,列车不能出发时,应将事由通知接车站,取消闭塞。

2. 非正常情况时,半自动闭塞区段,遇超长列车头部越过出站信号机而未压上出站方面的轨道电路发车时,行车凭证为出站信号机显示的允许运行的信号,并发给司机调度命令;遇发车进路信号机故障或超长列车头部越过发车进路信号机发车时,列车越过发车进路信号机的行车凭证为半自动闭塞发车进路通知书。

第四节　自动站间闭塞

一、自动站间闭塞原理

半自动闭塞,由于区间没有列车占用检查设备,不能检查区间是否空闲,到达复原需人为确认,既危及行车安全,又影响运输效率。特别严重的是,在区间有车占用的情况下还能用事故复原解除闭塞,造成"双发"的可能性。列车在区间丢车或车辆溜逸至区间时都不能发现,严重影响行车安全。为此,必须增加区间空闲检查设备和继电半自动闭塞设备配套,自动检查区间占用或空闲,实现列车到达后的自动复原,构成自动站间闭塞。这是半自动闭塞的现代化方向。

自动站间闭塞不同于半自动闭塞,其不必人工办理闭塞和到达复原;也不同于自动闭塞,其区间不划分闭塞分区,不设通过信号机。

区间检查设备有两类:计轴器和长轨道电路。采用计轴技术的优越性在于:能对长区间进行检查;具有较高的可靠性、安全性及适用性;在国外铁路应用较为普遍,并产生了很好的运用经验和经济、社会效益。因此,在目前多采用计轴技术。

采用计轴器作为区间空闲与占用状态的检查设备,每个区间安装两套,分别设在两站进站信号机内方 2~3 m 处。计轴器通过设置在区间两端的计轴点,对驶入区间和驶离区间的列车轴数进行记录,并经过传输线路将各自的轴数传递到对方站进行校核。当两端所记录的轴数一致时,就认为列车完整到达,区间空闲。否则,表示占用。未办理闭塞时有车溜入区间,就自动断开闭塞电路,并发出声光报警。

二、行车凭证

使用自动站间闭塞法行车时,列车凭出站信号机或线路所通过信号机显示的允许运行的信号进入区间。

自动站间闭塞须与集中联锁设备结合使用,自动检查区间空闲,发车站办理发车进路后即自动构成站间闭塞。列车到达接车站或返回发车站并出清区间后,自动解除闭塞。

发车站在办理发车进路前,须确认区间空闲、接车站未办理同一区间的发车进路,并向接车站预告。发车站已向接车站预告,但列车不能出发时,在取消发车进路后须通知接车站。

第五节　电话闭塞

一、电话闭塞的使用时机

电话闭塞是当基本闭塞设备不能使用或闭塞设备不能满足列车运行的要求时,由区间两端站(线路所)车站值班员利用站间行车电话以发出电话记录号码的方式办理闭塞的一种方法。

电话闭塞不论单线或双线均按站间区间办理。由于没有机械、电气设备控制,全凭制度约束来保证行车安全,因此办理手续必须严格。为保证同一区间在同一时间内不会用两种闭塞法,在停用基本闭塞法改按电话闭塞法或恢复基本闭塞法时,均须根据列车调度员的命令并确认区间空闲后方准采用。遇列车调度电话不通时,闭塞法的变更或恢复,应由该区间两端站的车站值班员确认区间空闲后,直接以电话记录办理。

二、行车凭证及填发要求

使用电话闭塞法行车时,列车占用区间的行车凭证为路票(表3-4)。当挂有由区间返回的后部补机时,另发给补机司机路票副页。

表3-4　路票

路　票
电话记录第　　号
车　次＿＿＿＿＿
日　照 ➡ 日照西
日照站(站名印)　　编号 123456

注:1. 路票为预先印好区间(即站名)和编号的硬卡片;　　(规格 75 mm×88 mm)

　　2. 加盖副字戳记者,为路票副页。

单线或双线反方向发车(正方向首列发车)时,根据《行车日志》查明区间已空闲,并取得接车站承认的电话记录号码,在发车进路准备妥当后,方可填发路票。双线正方向发车(首列除外)时,根据收到的前次发出的列车到达的电话记录号码,在发车进路准备妥当后,即可填发路票。

三、电话闭塞的办理手续

电话闭塞法是当基本闭塞设备不能使用时,根据列车调度员的命令所采用的代用闭塞法。电话闭塞手续,必须严格根据电话记录查明区间确实空闲后方可办理。

单线或双线反方向发车办理闭塞的简要程序(表3-5)。

表3-5　单线或双线反方向发车办理闭塞的简要程序

程序＼车站	发车站	接车站
办理闭塞	1. 确认区间空闲后,请求闭塞:"××次可否发车"	
		2. 确认区间空闲及接车线可以接车,答:"电话记录×号,×时×分,同意接××车次。"同时记入《行车日志》
	3. 复诵并记入《行车日志》	
发车与接车	4. 填写路票并进行自检及互检 5. 将路票交给司机,指示发车。通知接车站:"××次×时×分发车"并向列车调度员报点	
		6. 复诵并准备接车进路,开放信号
区间开通		7. 列车到达收回路票并划×注销,向发车站办理区间开通手续"电话记录×号,××次×时×分到,区间开通"并记入《行车日志》,向列车调度员报点
	8. 复诵电话记录,并记入《行车日志》	

双线区间电话闭塞简要程序(表3-6)。

表3-6　双线区间电话闭塞简要程序

程序＼车站	发车站	接车站
预报发车	1. 预报开车:"××次预计×点×分开"	
		2. 复诵:"××次预计×点×分开"并准备进路
	3. 根据前次发出列车到达接车站的电话记录号码填写路票,并进行自检及互检	
发车与接车	4. 将路票交司机,指示发车 5. 通知接车站:"××次×时×分开"并报告列车调度员	
		6. 复诵:"××次×时×分开。"准备进路,开放信号

续上表

程序　车站	发　车　站	接　车　站
区间开通		7.列车到达收回路票，划×注销。通知发车站："电话记录×号，××次×时×分到，区间开通"并记入《行车日志》，向列车调度员报点
	8.复诵："电话记录×号××次×时×分到，区间开通"并记入《行车日志》	

办理电话闭塞时，下列各项应发出电话记录号码，并记入《行车日志》：

1. 承认闭塞；

2. 列车到达，补机返回；

3. 取消闭塞；

4. 单线或双线反方向越出站界调车。

电话记录号码自每日 0 时起至 24 时止，按日循环编号，编号办法由铁路局规定。

四、路票及其填记与使用

（一）路票格式

路票为预先印好区间（即站名）和编号的硬卡。

（二）路票的填记与使用

路票应由车站值班员或指定的助理值班员填写。

对于填写的路票，车站值班员应根据《行车日志》的记录，进行认真核对，确认无误，并加盖站名印后方可送交司机。

双线反方向行车使用路票时，应在路票上加盖"反方向行车"章；两线、多线区间使用路票时，应在路票上加盖"××线行车"章。

1. 单线或双线反方向发车（正方向首列发车）时，根据《行车日志》查明区间已空闲，取得接车站的承认，在发车进路准备妥当后方可填发路票。

2. 双线正方向发车时，根据收到前次发出的列车到达的电话记录后，在发车进路准备妥当后方可填发路票。

3. 路票应由车站值班员或指定的助理值班员填写。对于填写的路票，车站值班员应根据《行车日志》的记录，认真确认并与助理值班员（作业员）或指定办理行车的人员相互检查、复诵，确认无误，并加盖站名印方可交送司机。

4. 填记内容：电话记录号码、列车车次、加盖专用站（场）名戳（可预先加盖）。字迹要清楚，不得涂改。

5. 路票内容如未按规定使用或有涂改时均应作废，另行填写。

6. 路票只填写一张交给司机。路票编号应填记在《行车日志》的"记事"栏内。

7. 列车由区间返回或在双线反方向及多线区段运行时，须在调度命令中注明，仍使用该区间路票。

8. 列车运行至前方站，司机应将路票交给接车人员。接车站收到路票后，应该核对是否正确。在路票上划"×"表示注销。

第六节　电话中断时的行车

电话联络是行车工作的重要条件,车站在办理闭塞和接发列车时,都要通过电话与邻站及列车调度员进行联系。由于自然灾害和其他原因,造成行车室内的电话(包括站间闭塞电话、列车调度电话及各站电话)全部中断时,即为一切电话中断。当车站与邻站的电话中断,又得不到列车调度员的指示时,为了不中断行车必须采用特殊的行车办法。

一、一切电话中断时的行车

1. 行车办法及凭证

(1)在自动闭塞区间,如闭塞设备作用良好时,列车运行仍按自动闭塞法行车,但车站与列车司机应以列车无线调度通信设备直接联系(说明车次及注意事项等)。如列车无线调度通信设备故障时,列车必须在车站停车联系。

(2)单线行车按书面联络法。单线区间上、下行列车均在同一条区间正线上交替运行,一切电话中断后,区间两端站需通过书面联络,确定列车进入区间运行的顺序。

(3)双线行车按时间间隔法。由于双线区间运行的列车可分别固定在区间一条正线上运行,因此,一切电话中断后,区间两端站只准发出正方向列车,按时间间隔法行车。

(4)列车按书面联络法或按时间间隔法运行时,进入区间的行车凭证一般情况下为红色许可证(表3-7)。其内容包括:占用区间凭证,提醒司机注意事项,与邻站联络确定列车运行顺序的通知书。

表3-7　红色许可证

许　可　证

第_____号

现在一切电话中断,准许第_____次列车自_____站至_____站,本列车

前于_____时_____分发出的第_____次列车,邻站到达通知 已/未 收到。

通　知　书

1. 第_____次列车到达你站后,准接你站发出的列车。

2. 于_____时_____分发出第_____次列车,并于_____时

分再发出第_____次列车。

站(站名印)车站值班员(签名)

年　　月　　日填发

注:1. 红色纸,复写一式两份,司机一份,存根一份;　　　(规格 90 mm×130 mm)

2. 不用的字句抹消。

2. 书面联络法

(1)一切电话中断时,单线区间两端站是通过书面联络确定列车运行的先后顺序。但是,电话中断后第一列列车如果等待书面联络后发车,则将产生很长的等待时间;如果在取得书面联络前,区间两端站任意发车,将造成列车正面冲突。为此,单线区间一切电话中断前就规定了优先发车的车站,该站在一切电话中断后,有权优先发出第一趟列车。下列车站可以优先发车:

① 已办妥闭塞而尚未发车的车站。因车站已取得了发车权,故可优先发车。此时,若司机持有行车凭证时,则不再发给红色许可证,只发给与邻站确定下一列列车发车权的通知书。如无手持的行车凭证时,司机应持红色许可证开往邻站。

② 未办妥闭塞时,单线区间为开下行列车的车站;双线改为单线行车时,为该线原定发车方向的车站。

③ 同一线路同一方向运行的列车,有上、下行两种车次时,优先发车的车站由铁路局规定。

(2)第一个列车的发车权为优先发车的车站所有,如优先发车的车站没有待发列车时,应主动用通知书通知非优先发车的车站。非优先发车的车站,如有待发列车时,应在得到通知书以后方可发车。

(3)第一个列车的发车站,在发车前应查明区间已空闲,并在(附件3见《技规》)的通知书上记明下一个列车的发车权。如为本条第1项所规定的发车站发车时,持有行车凭证的列车,还应发给通知书;如无行车凭证,列车应持红色许可证开往邻站。以后开行的列车,均凭通知书上记明的发车权办理。

(4)通知书应采取最快的方法传送,优先方向车站如无开往区间的列车时,在确认区间空闲后,可使用重型轨道车或单机传送。

3. 时间间隔法

时间间隔法是指前一列列车由车站出发后,不论是否到达前方站,准许间隔一定的时间,再向该区间发出次一列列车的行车办法。

双线按时间间隔法行车时,只准发出正方向的列车。非自动闭塞区间发出第一列列车时,在发车前应查明区间空闲。

4. 发出同方向列车的间隔时间

电话中断后,无论单线或双线区间,均无法收到列车到达邻站的通知。发出同方向运行的列车必须使两列车保持一定的距离。为此,同方向运行的列车必须有一定的间隔时间。这一间隔时间为区间规定运行时分另加 3 min,但不得少于 13 min。这样,在一般情况下前行列车完全可以到达前方站,构成区间空闲。3 min 主要是接车站安排后行列车进路的时间,或前发列车在区间被迫停车的防护时间。当区间规定运行时分少于 10 min 时,其两列车的间隔时间不得少于 13 min。这样,在一般情况下能保证前次列车已到达邻站,区间腾空后再发出后行列车。

5. 一切电话中断时禁止发出的列车

在电话中断时,行车指挥和站间联系都很困难。为保证列车运行安全,禁止发出下列列车:

(1)在区间内停车工作的列车(救援列车除外)。

(2)开往区间岔线的列车。

（3）须由区间内返回的列车。

（4）挂有须由区间内返回后部补机的列车。

（5）列车无线调度通信设备故障的列车。

6. 一切电话中断时区间封锁与开通

（1）封锁区间。电话中断时间内，如因列车在区间发生事故或线路故障，造成行车中断时，必须立即组织救援和抢修，尽快恢复行车。如需封锁区间时，由接到请求的车站值班员，以书面通知封锁区间的相邻车站。如需开行救援列车时，以车站值班员的书面命令（使用调度命令用纸书写）作为进入封锁区间的凭证。

（2）开通区间。抢修或救援工作完了，应及时开通被封锁的区间，由接到请求开通封锁区间的车站值班员，在确认区间空闲（或线路恢复正常状态）后，以书面形式通知该区间的相邻车站，然后按电话中断时的行车办法行车。

在电话联络恢复后，再将封锁区间事项报告列车调度员

二、单线区间车站电话呼唤 5 min 无人应答时的行车办法

单线区间的车站，经以闭塞电话、列车调度电话或其他电话呼唤 5 min 无人应答时，由列车调度员查明该站及其相邻区间确无列车（包括单机、大型养路机械及重型轨道车）后，可发布调度命令，封锁相邻区间，按封锁区间办法向不应答站发出列车。

该列车应在不应答站的进站信号机外停车，判明不应答原因及准备好进路后，再行进站。司机或车站值班员应将经过情况报告列车调度员。

本章小结

通过对铁路行车闭塞法的学习，进一步掌握自动闭塞、半自动闭塞、电话闭塞的使用方法及注意事项，特别是在非正常情况下的行车凭证更应熟悉。在行车工作中保证列车安全运行、优质、高效的完成运输任务。本章重点是各种行车闭塞法的行车凭证。

自测练习题

1. 什么叫行车闭塞法？

2. 行车闭塞法有几种类型？各有什么特点？我国采用的是哪一种？

3. 什么叫自动闭塞？有何优点？行车凭证有哪些规定？

4. 什么叫半自动闭塞？有何特点？行车凭证有哪些规定？

5. 请说明三显示自动闭塞的工作原理。

6. 四显示自动闭塞和三显示自动闭塞有何不同？

7. 电话中断的行车凭证有哪些规定？

8. 电话闭塞法的使用规定及列车进入区间的凭证是什么？

9. 路票的使用有哪些规定？司机应确认的关键内容有哪些？

10. 一切电话中断后禁止发出哪些列车？

11.《行车日志》有什么作用？

12. 说明绿色许可证、红色许可证及路票的作用。

第四章 列车运行

内容描述

本章内容讲述列车运行的基本要求,列车在区间被迫停车以及分部运行和退行的相关要求,救援列车与路用列车的开行,列车在区间发生伤亡事故的处理方法。其中重点是机车乘务员与行车人员在处理相关问题时的协作与分工。

学习目标

【知识目标】
◆掌握行车指挥,列车乘务组的工作过程。
◆掌握列车的分部运行与退行处理方式。
◆掌握救援列车的请求与派遣及现场指挥。

【能力目标】
◆能熟知对伤亡事故的处理及救援。
◆能说出路用列车的行车凭证。
◆能熟知被迫停车的处理与防护方式。

第一节 列车运行的基本要求

为了能顺利完成列车运行中的各项作业,及时处理运行中发生的问题,确保列车安全正点。列车在发往区间运行时应具备一定的条件。

一、行车指挥

(一)基本原则

行车工作必须坚持集中领导,统一指挥,逐级负责的原则。

1. 铁路局由中国铁路总公司统一指挥,铁路局管内各区段由局一个调度区段内的本区段列车调度员统一指挥。

2. 车站由车站值班员,线路所由线路所值班员统一指挥。凡划分车场的车站,车场间接发列车进路互有关联的行车工作,由指定的车站值班员统一指挥。

3. 单机由司机负责指挥。列车或单机在车站时,所有乘务人员应按车站值班员的指挥进行工作。

4. 在调度集中设备的区段内,有关行车工作由该区段列车调度员直接指挥。但转为车站控制时,由车站值班员指挥。

（二）调度指挥

1. 对有关人员要求

列车调度员是本区段行车的组织者和指挥者，负责组织指挥本区段车、机、工、电、辆等部门有关行车人员，实现列车运行图、列车编组计划和运输方案规定的任务和要求；并及时、准确地处理临时发生的行车问题。

为了准确、协调一致地进行行车工作，保证行车安全。有关行车人员必须执行列车调度员命令，服从指挥并认真执行车机联控制度。

2. 调度命令的发布

发布命令的要求：

指挥列车运行的命令和口头指示，只能由列车调度员发布。列车调度员在发布命令之前，应详细了解现场情况，并听取有关人员的意见。调度命令的内容要正确、及时、简明扼要。发布时应先将调度命令登记在《调度命令登记簿》内。确认无误后，再向有关单位或人员发布。

二、列车乘务组

为了完成列车运行中的各项作业，及时处理运行中发生的各种情况，以及在有碍安全时采取临时措施，根据列车的任务、要求和运行条件，配备有直接为列车服务的人员组成列车乘务组。列车乘务组包括：机车乘务组、车辆乘务人员及旅客乘务组。

1. 机车乘务组。负责操纵机车和在特殊情况下对列车的防护。

2. 车辆乘务人员。旅客列车和机械冷藏车组，均应配有车辆乘务人员，负责该车辆的及时检修和故障处理。装载超限货物的车辆，是否需派添乘人员应根据装运的命令办理。

3. 旅客乘务组。由列车长、列车广播员、列车员、行李员、乘警及餐车工作人员等组成，负责旅客的旅行安全，各项服务及行李包裹的作业等。

混合列车的编组内容各不相同，对其旅客乘务组的派出，全路不做统一规定，由各铁路局根据具体情况确定。

三、列车运行时限制速度的规定

列车应按规定速度运行，不得超过规定的限制速度，以确保列车安全、正点。

列车运行限制速度规定如表 4-1 所示。

表 4-1　列车运行限制速度

项　目	速度（km/h）
四显示自动闭塞区段通过显示一个绿色灯光和一个黄色灯光的信号机	在前方第三架信号机前能停车的速度
通过显示黄色灯光的信号机及位于定位的预告信号机	在次一架信号机前能停车的速度
通过显示一个黄色闪光灯光和一个黄色灯光的信号机	该信号机防护进路上道岔侧向的允许通过速度
通过减速地点标	标明的速度，未标明时为 25
推进	30
退行	15
接入站内尽头线，自进入该线起	30

四、列车运行中对司机的要求

列车在运行中司机应正确驾驶机车，严格按信号行车，这是确保列车运行安全正点的重要条件。动车组以外的列车司机在列车运行中应做到：

1. 列车在出发前输入监控装置有关数据；按规定对列车自动制动机进行试验，在制动保压状态下列车制动主管的压力 1 min 内漏泄不得超过 20kPa，确认列尾装置作用良好。

装备机车综合无线通信设备的机车，开车前司机要选定机车综合无线通信设备通信模式和运行线路。在 GSM-R 区段运行时，机车综合无线通信设备、GSM-R 手持终端按规定注册列车车次，并确认正确。

2. 遵守列车运行图规定的运行时刻和各项允许及限制速度。彻底瞭望，确认信号，执行呼唤应答制度，严格按信号显示要求行车，确保列车安全正点。遇有信号显示不明或危及行车和人身安全时，应立即采取减速或停车措施。

3. 机车信号、列车无线调度通信设备、列车运行监控装置（轨道车运行控制设备）和列尾装置必须全程运转，严禁擅自关机。

运行途中，遇列尾装置、机车信号、列车运行监控装置（轨道车运行控制设备）发生故障时，司机应立即使用列车无线调度通信设备报告车站值班员或列车调度员，并根据实际情况掌握速度运行；遇机车信号、列车运行监控装置（轨道车运行控制设备）发生故障时，司机应控制列车运行至前方站停车处理或请求更换机车，在自动闭塞区间，列车运行速度不超过 20 km/h；遇列车无线调度通信设备发生故障时，司机应在前方站停车报告。

4. 起动稳，加速快，精心操纵，停车准确，按规定鸣笛，防止列车冲动和断钩。

5. 随时检查机车总风缸、制动主管的压力。检查内燃机车柴油机的润滑油压力、冷却水的温度及其转数等情况。注意电力机车的各种仪表的显示及接触网状态。

6. 在区间内列车停车进行防护、分部运行、装卸作业或使用紧急制动阀停车后再开车时，司机必须检查试验列车制动主管的贯通状态，确认列车完整，具备开车条件后，方可起动列车。

7. 单机、自轮运转特种设备在自动闭塞区间紧急制动停车或被迫停在调谐区内时，司机须立即通知后续列车司机、向两端站车站值班员（列车调度员）报告停车位置（具备移动条件时司机须先将机车移动不少于 15 m），并在轨道电路调谐区外使用短路铜线短接轨道电路。

8. 等会列车时，不准关闭空气压缩机，并应按规定显示列车标志。

9. 负责货运票据的交接与保管。

10. 将列车运行中发生的问题及使用紧急制动阀的情况及时报告列车调度员。

第二节　列车在区间被迫停车的处理与防护

列车在区间除有计划的（乘降、装卸、施工、救援）停车外，由于事故或行车设备故障等原因，造成列车在区间的停车，称为列车在区间被迫停车。当列车在区间被迫停车后，不仅造成该线行车中断，还可能造成追踪列车的追尾、列车脱轨、颠覆或货物脱落，而且在双线区段还可能妨碍邻线行车。因此，在区间被迫停车的情况下，要求司机应充分利用列车无线调度通信设备与有关部门密切联系、迅速通知、及时防护、尽快处理，使线路及时复原开通。

一、列车在区间被迫停车时的处理

1. 列车在区间被迫停车不能继续运行时，司机应立即使用列车无线调度通信设备通知两端站（列车调度员）及车辆乘务员（随车机械师），报告停车原因和停车位置，根据需要迅速请求救援。需要防护时，列车前方由司机负责，列车后方由车辆乘务员（随车机械师）负责，无车辆乘务员（随车机械师）时，由列车乘务员负责。配备列车防护报警装置的列车应首先使用列车防护报警装置进行防护。单班单司机值乘的列车防护作业办法由铁路局规定。

2. 如遇自动制动机故障，动车组以外的旅客列车司机应通知车辆乘务员立即组织列车乘务人员拧紧全列人力制动机，以保证就地制动；其他列车司机应立即采取安全措施，并向车站值班员（列车调度员）报告，请求救援。

3. 对已请求救援的列车，不得再行移动，并按规定对列车进行防护。

车站值班员（列车调度员）接到司机通知后，应将区间内列车运行情况通知司机，并立即使用列车无线调度通信设备转告区间内有关列车。在停车原因消除前不得再放行追踪、续行列车。

4. 需组织旅客疏散时，车站值班员得到列车调度员准许后，扣停邻线列车并通知司机，司机通知有关作业人员办理。

二、列车在区间被迫停车的防护

为确保列车在区间内被迫停车后，本线及邻线上列车的安全，防止追踪运行列车尾追及开来救援的列车与停留列车发生冲突，除按规定进行充分联系、处理外，还必须按规定进行防护。

列车被迫停车可能妨碍邻线时，司机应立即用列车无线调度通信设备通知邻线上运行的列车和两端站（列车调度员），并与车辆乘务员（随车机械师）分别在列车的头部和尾部附近邻线上点燃火炬；在自动闭塞区间，还应对邻线来车方向短路轨道电路。配备列车防护报警装置的列车应首先使用列车防护报警装置进行防护。司机应亲自或指派人员沿邻线一侧对列车进行检查，发现妨碍邻线时，应立即派人按规定防护。如发现邻线有列车开来时，应鸣示紧急停车信号。

单班单司机值乘的列车防护作业办法由铁路局规定。

车站值班员（列车调度员）接到列车被迫停车可能妨碍邻线的通知后，应立即通知邻线有关列车停车，在原因消除前不得向邻线放行列车。

列车在区间被迫停车后，根据下列规定放置响墩防护：

1. 已请求救援时，从救援列车开来方面（不明时，从列车前后两方面），距离列车不小于300 m处防护，如图4-1所示。

2. 一切电话中断后发出的列车（《技规》规定持有附件3通知书1的列车除外）应于停车后，立即从列车后方按线路最大速度等级规定的列车紧急制动距离位置处防护，如图4-2所示。

3. 对于邻线上的妨碍行车地点，应从两方面按线路最大速度等级规定的列车紧急制动距离位置处防护，如确知列车开来方向时仅对来车方面防护，如图4-3所示。

4. 列车分部运行，机车进入区间挂取遗留车辆时，应从车列前方距离不小于300 m处防护，如图4-4所示。

防护人员设置的响墩待停车原因消除后可不撤除（运行动车组列车的区段除外）。

(a)

(b)

图 4-1 已请求救援列车的防护

图 4-2 有追踪列车运行的防护

图 4-3 妨碍邻线行车地点两方向的防护

图 4-4 妨碍邻线来车方向的防护

第三节　列车的分部运行与退行

一、列车的分部运行

列车由于超重、断钩、制动主管破裂以及车辆脱轨颠覆等原因被迫停车后,司机将部分车辆遗留原地,而将列车的前部车辆牵引运行至前方车站的行车处理办法称为列车分部运行。它是列车在区间被迫停车后最常用的一种处理方法。

（一）禁止列车分部运行的情况

在不得已情况下,列车必须分部运行时,司机应报告前方站（列车调度员）,并做好遗留车辆的防溜和防护工作。司机在记明遗留车辆辆数和停留位置后,方可牵引前部车辆运行至前方站。在运行中仍按信号机的显示进行,但在半自动闭塞区间或按电话闭塞法行车时,该列车必须在进站信号机外停车（司机已报告前方站或列车调度员,列车为分部运行时除外）,将情况通知车站值班员后再进站。车站值班员应立即报告列车调度员封锁区间,待将遗留车辆拉回车站,确认区间空闲后,方可开通区间。

下列情况列车不准分部运行:

1. 采取措施后可整列运行时;

2. 对遗留车辆未采取防护、防溜措施时;

3. 遗留车辆无人看守时;

4. 司机与车站值班员及列车调度员均联系不上时;

5. 遗留车辆停留在超过 6‰ 坡度的线路上时。

（二）列车分部运行的具体办法

1. 司机应使用列车无线调度通信设备向前方站和列车调度员报告。

2. 切实做好遗留车辆的防溜和防护工作。这是防止事故扩大,保证遗留车辆及追踪列车运行安全的关键性环节。车辆溜逸事故,对行车安全危害极大,造成影响、损失巨大。为了防止遗留车辆溜逸,能连挂的连挂在一起、不能连挂的分组分别拧紧两端车辆的人力制动机,并以铁鞋（止轮器、防溜枕木等）牢靠固定。

3. 司机在记明遗留车辆的辆数和停留位置后,方可牵引前部车辆按信号机的显示向前方站运行。在半自动闭塞区间,司机必须向车站值班员报告列车为分部运行等情况后方可进站。否则即便进站信号机显示进行信号,也必须在进站信号机外停车,待将情况通知车站值班员后才可进站。

4. 前部列车进站后,车站值班员应立即将情况通知列车调度员,并由列车调度员发布调度命令封锁区间,并派出救援列车或指派本务机返回区间,挂取遗留车辆拉回车站,确认区间空闲后方可开通区间。

二、列车的退行

列车在区间由于坡停、遇线路故障及自然灾害阻断等原因无法向前继续运行,而须倒退至后方车站的行车方法称为列车退行。

（一）禁止列车退行的情况

在不得已情况下,列车必须退行时,车辆乘务员或随车机械师（无车辆乘务员或随车机械师时为指派的胜任人员）应站在列车尾部注视运行前方,发现危及行车或人身安全时,应立即使用紧急制动阀(紧急制动装置)或使用列车无线调度通信设备通知司机,使列车停车。

列车退行速度不得超过 15 km/h。未得到后方站(线路所)车站值班员准许,不得退行到车站的最外方预告标或预告信号机(双线区间为邻线预告标或特设的预告标)的内方。

车站接到列车退行的报告后,除立即报告列车调度员外,根据线路占用情况,可开放进站信号机或按引导办法将列车接入站内。

下列情况列车不准退行:

1. 按自动闭塞法运行时(列车调度员或后方站车站值班员确认该列车至后方站间无列车并准许时除外);

2. 在降雾、暴风雨雪及其他不良条件下,难以辨认信号时;

3. 一切电话中断后发出的列车(持有《技规》附件 3 通知书 1 的列车除外)。

挂有后部补机的列车,除上述情况外,是否准许退行,由铁路局规定。

动车组列车在区间被迫停车后须返回后方站时,车站值班员确认动车组列车至后方站间已空闲后,经列车调度员同意,通知司机返回。司机根据车站值班员的通知,在动车组列车运行方向(折返)前端操作,运行速度不得超过 40km/h,按进站信号机显示进站。

(二)列车退行的具体办法

除上述禁止列车退行的情况外,如列车在区间遇坡停、线路故障、自然灾害等情况,必须退行时,应按以下办法执行:

1. 运转车长(无运转车长时为指派的胜任人员)应站在列车尾部注视运行前方,发现危及行车或人身安全时,应立即使用紧急制动阀或列车无线调度通信设备通知司机,使列车停车。

2. 列车退行的速度不得超过 15 km/h,确保在遇意外情况时能及时停车。

3. 未得到后方站(线路所)车站值班员准许,不得退行到车站的最外方预告标或预告信号机(双线区间为邻线预告标或特设的预告标)的内方。这样主要是防止退行列车与跟踪出站调车的机车车辆发生冲突。

4. 车站接到列车退行的报告后,除立即报告列车调度员外,根据线路占用情况,可开放进站信号机或按引导办法将列车接入站内。

第四节 救援列车与路用列车的开行

一、救援列车

当站内或区间发生列车冲突、脱轨、颠覆及发生自然灾害危及行车安全,而需尽快排除障碍,开通区间,恢复正常行车时,专为事故救援、抢修、抢救而开往事故现场的列车称为救援列车。开往事故现场的单机、动车、重型轨道车及事故救援的列车均统称为救援列车。事故救援列车一般由起重吊车、修理车、工具车、宿营车及工程材料、发电车等组成,配备有一定数量的救援人员。救援列车不受列车等级的限制应优先办理。根据中国铁路总公司的要求,在重点地区机务段设置的救援列车、在接到命令后需 30 min 内出动。

(一)救援列车的请求与派遣

1. 救援请求

车站值班员接到司机或工务、电务、供电等人员的救援请求后,应立即报告列车调度员。需封锁区间派出救援列车时,列车调度员应向有关车站发布命令封锁区间,并派出救援列车。

向封锁区间发出救援列车时不办理行车闭塞手续,以列车调度员的命令作为进入封锁区间的许可。

2. 救援派遣

当列车调度员接到救援请求的报告后,立即向事故区间的两端车站发出调度命令封锁区间,并根据具体情况派出救援列车。当列车调度电话不通时,则由接到救援请求的车站值班员根据救援请求办理。救援列车以车站值班员的命令作为进入封锁区间的许可。

(二)救援列车的开行

司机接到救援命令后,必须认真确认。命令不清、停车位置不明确时,不准动车。救援列车进入封锁区间后,在接近被救援列车或车列 2 km 时,要严格控制速度,同时,使用列车无线调度通信设备与请求救援的机车司机进行联系,或以在瞭望距离内能够随时停车的速度运行,最高不得超过 20 km/h,在防护人员处或压上响墩后停车,联系确认,并按要求进行作业。

救援列车的出发或返回,均应通知列车调度员及对方站。如事故现场设有临时线路所时,车站值班员应于发车前商得线路所值班员的同意。

采用机车救援动车组时应进行制动试验。具备升弓取电条件时,允许动车组升弓取电。

在事故调查组人员到达前,站长或胜任人员应随乘发往事故地点的第一列救援列车(分部运行时挂取遗留车辆的机车除外)到事故现场,负责指挥列车有关工作。

(三)对开行救援列车乘务员的要求

1. 司机接到救援的调度命令后,机车乘务人员必须对命令各项认真确认,凡调度命令不清、停车位置不明确时不准动车。

2. 救援列车进入封锁区间后,在接近被救援列车或车列 2 km 时,要严格控制速度,同时,使用列车无线调度通信设备与请求救援的机车司机进行联系,或以在瞭望距离内能够随时停车的速度运行,最高不得超过 20 km/h,在防护人员处或压上响墩后停车,联系确认,并按要求进行作业。

3. 采用机车救援动车组时应进行制动试验。具备升弓取电条件时,允许动车组升弓取电。

(四)救援列车进出封锁区间的联系

救援列车的出发或返回均应通知列车调度员及对方站。如事故现场设有临时线路所时,车站值班员应于发车前商得线路所值班员的同意。

凡救援列车进出封锁区间、到发时刻、由区间拉回的车数及现场救援进度等情况均应通知列车调度员及对方站,以便列车调度员能及时掌握救援进度,合理安排人力、材料。

救援工作复杂时,可在事故的现场设置临时线路所,以及时了解和指挥现场的救援工作。在车站值班员发车前应商得临时线路所值班员的同意,以便临时线路所做好接车前的准备及防护工作。临时线路所向区间两端车站发车时,也必须取得列车调度员的命令及接车站的同意。而当救援列车向临时线路所运行时,须在防护地点外停车,待引导人员将事故地点的情况告知司机及有关人员,撤除防护后,列车按调车办理进入指定地点。发车时,先撤除防护后再发车。

1. 现场指挥

在事故调查组人员到达前,站长或胜任人员应随乘发往事故地点的第一列救援列车(分部运行时挂取遗留车辆的机车除外)到事故现场,负责指挥列车有关工作。成立临时线路所并担任临时线路所车站值班员的工作。而列车分部运行,机车开往事故区间挂取遗留车辆时,由于处理比较简单,车站站长或车站值班员不必前往,而由司机处理。

2. 区间的开通

当列车调度员接到事故现场负责人关于列车可以安全通过的事故现场报告后,查明区间已无救援列车、机车、车辆等,确已空闲后,方可向两端车站发布开通区间的命令。若列车尚需限速运行,调度员还必须发布限速运行的调度命令。假如调度电话不通,由接到通知的车站值班员,在确认区间空闲后,可通知邻站办理区间的开通。

二、路用列车

不以营业为目的而专为运输铁路内部自用物资(如枕木、道砟等)所开行的列车称为路用列车。

(一)行车凭证

路用列车运行在非封锁区间时,仍按该区间的基本行车闭塞法或电话闭塞法办理的行车凭证进入区间运行。向施工封锁区间运行时,路用列车与救援列车一样,行车凭证为调度命令。在调度命令中,应指明列车车次、运行速度、停车地点、到达车站的时刻等注意事项。司机和施工负责人应严格执行调度命令,并按规定的时间到达车站。当调度电话中断而又急需紧迫施工送料时,路用列车进入封锁区间的行车凭证为发车站车站值班员的命令。

(二)注意事项

1. 向施工封锁区间开行路用列车时,列车进入封锁区间的行车凭证为调度命令。该命令中应包括列车车次、停车地点、到达车站的时刻等有关事项,需限速运行时在命令中一并注明。

向施工封锁区间开行路用列车,原则上每端只准进入一列,如超过时,其安全措施及运行办法由铁路局规定。

2. 路用列车应由施工单位指派胜任人员携带列车无线调度通信设备值乘,并在区间协助司机作业。路用列车或施工机械进入施工地段时,应在施工防护人员显示的停车手信号前停车,根据施工负责人的要求,按调车办法,进入指定地点。

(三)路用列车在区间卸车的要求

由于施工或其他需要,列车可能在区间内进行卸车作业。在封锁区间卸车时应凭调度命令进入区间;在办理闭塞进入区间卸车继续运行到前方站时,仅限于非自动闭塞法,自动闭塞区间应改为电话闭塞。列车进入区间后,卸车负责人根据现场卸料与用料实际情况变更卸车地点时,卸车负责人可以指挥列车移动位置,但不得延长卸车时间。卸车完毕后,卸车负责人应检查卸货距离,清理道沿,关好车门。确认无碍行车安全后才可通知司机开车。

第五节 列车在区间发生伤亡事故的处理

一、防止路外伤亡事故的措施

1. 运行中按规定地点鸣示一长声注意信号。加强瞭望,多鸣笛,鸣长笛,防止伤亡事故。

2. 运行中认真执行不间断瞭望和呼唤应答制度，机车乘务人员不能同时点烟、喝水等，摸清行人多的区间及道口，注意行人车辆动态，发现线路有行人及危及安全时，应果断采取减速或停车措施。

3. 在减速或停车过程中，学习司机要继续鸣笛、注视速度、使闸地点、行人去向。认真执行先鸣笛后动车。严禁先动车，后鸣笛或边鸣笛边动车。

二、发生路外伤亡事故的处理

1. 在铁路区间，凡因机车、车辆碰、轧行人或车辆上旅客坠下造成伤亡时，司机发现后，均必须停车。

2. 伤亡事故停车后，应把行人住址、性别、年龄、姓名问清后记录在手账上，再按规定开车。返段后填写事故报告。

3. 发生路外伤亡时，须对其人进行检查。若已死亡，由司机负责，把死者移出线路外，检查衣袋内有何可证明其身份的证件，记下住址、姓名，并对现场做好标记和事故简要记录，找好看守人。而对伤者应送交有医疗条件的就近车站进行积极抢救。

4. 当伤亡事故发生在站内或段管线内时，司机应报告值班员共同处理。

5. 发生伤亡事故后应简要记录：列车车次、区间公里、吨数、辆数、计长、发生时间、当时速度、发现行人情况、鸣笛情况有无证明人，采取的措施及发生地点、停车地点、越过距离等情况。

6. 清理现场，找出听见鸣笛的证人、住址、姓名记入手账。

在前方车站停车，把简要情况向列车调度员报告。

本章小结

本章具体就列车运行的基本要求；列车在区间被迫停车；列车分部运行及退行；救援列车与路用列车的开行及列车在区间发生伤亡事故等的处理、有关规定及要求做了阐述。而且对行车有关人员，机车乘务员的分工做了说明，希望大家通过理解、记忆，熟练掌握。

1. 了解列车运行的基本要求，重点掌握列车运行中对司机的要求及列车运行的限制速度。

2. 重点掌握列车在区间被迫停车后对司机的要求、防护及防溜的有关规定。

3. 重点掌握列车分部运行及退行的禁止与允许规定、办法。

4. 重点掌握救援列车、路用列车的行车凭证、开行办法及对司机的要求。

5. 掌握防止伤亡事故的措施及处理方法。

自测练习题

1. 列车运行时对司机有何具体要求？

2. 列车在区间被迫停车时，对司机有何要求？

3. 何为被迫停车？被迫停车后应如何防护与防溜？

4. 当被迫停车后，对邻线应作何处理？

5. 列车在区间被迫停车后，若需分部运行时，司机应如何处理？

6. 何为分部运行？哪些情况下禁止分部运行？

7. 何为退行？允许退行的条件及办法是什么？哪些情况下应禁止退行？

8. 救援列车应如何请求和派遣？其占用区间的凭证是什么？

9. 何为救援列车？开行救援列车对机车乘务员有何要求？

10. 路用列车占用区间的凭证是什么？开行路用列车有哪些注意事项？

11. 发生路外伤亡事故应如何处理？怎样防止？

第五章 机车管理与运用

内容描述

本章内容讲述机车管理部门的组织机构与职责,机车的配属与使用,机车交路和机车运转制度,乘务制度和乘务组的出乘方式,列车运行图和机车周转图,其中重点是机车运用和检修方面的基本制度和与机务生产相关的组织方式。

学习目标

【知识目标】

◆掌握机车运用管理的基本制度。

◆掌握机车的运转制度、乘务制度。

◆掌握机车的配属制。

【能力目标】

◆能分析机车周转图。

◆能看懂列车运行图。

第一节 机车运用管理部门的体制及职责

一、运用管理部门的体制及职责

我国铁路机车运用管理工作贯彻"统一指挥、分级管理"的原则,以利于充分发挥各级机车运用管理组织的职能作用。

根据这个原则,机车运用管理部门的组织机构如图 5-1 所示。

在《铁路机车运用管理规则》(以下简称《运规》)中,明确规定了各级机车运用管理部门的职责。

图 5-1 组织机构

中国铁路总公司(以下简称总公司):

(一)负责国家铁路机车运用管理,制定机车运用安全管理、机车乘务员管理等有关规章制度和技术标准。

(二)负责规划、调整总公司机车配属,实行集中配置,统一机型,衔接干、支线。追求资产配置效益最大化,淘汰落后产能,加快升级换代,满足总公司运输计划需要,适应生产力布局调整。

(三)按照"机车长交路、乘务区段化"原则,规划和审核跨铁路局机车和乘务交路及有关技术标准。参加列车运行图编制,负责组织机车周转图编制。

（四）制定机车运用,安全管理等人员培训规划,并组织实施。组织开展职业技能竞赛。

（五）负责跨铁路局机车调度指挥,确保机车供应,提高机车运用效率;综合评价和考核铁路局机车运用工作。

（六）参与和组织有关事故调查分析及措施制定。

（七）组织安全生产管理督导检查,开展安全生产规范化、标准化创建工作。

铁路局:

（一）全面负责本局机车运用、安全管理等工作。贯彻执行总公司有关机车运用、安全管理等方面的规章制度,制定相关办法,作业标准及实施细则,并组织实施。

（二）负责根据承担的跨铁路局机车长交路和管内运输任务变化,结合机车检查率提出机车购置和调整建议,确定管内机务段的机车配置及调拨。综合分析机车运用情况,考核管内机车运用工作,提高机车运用效率。

（三）负责确定管内机车交路、乘务交路、乘务制度,组织查定牵引定数,运用时分、自外段技术作业时分,折返时分等技术标准;参加编制列车运行图,机车周转图并组织实施;指导编制列车操纵示意图。负责对铁路局机车调度进行专业指导。

（四）负责机车乘务员管理。根据图定担当任务及运输发展需求,在满足机车乘务员培训率和预备率,严格执行国家工作时间和休假有关规定的基础上,制定机车乘务员配备计划;组织机车乘务员培训、考核和鉴定。开展职业技能竞赛。

（五）参与组织有关事故、设备故障分析及措施制定。

（六）负责全局救援列车管理。

（七）定期组织开展安全生产监督、检查及评比活动,开展安全生产规范化、标准化创建工作。

机务段运用车间是机车运用工作的基层组织。其主要职责:

（一）贯彻执行运用、安全管理规章、制定、标准、细则,落实安全生产责任制度和安全措施。

（二）负责机车乘务员管理,加强机车乘务员队伍的技术业务,思想动态分析,组织机车乘务员业务学习和典型事故案例教育,开展岗位练兵和劳动竞赛,监督检查考核机车乘务员作业标准化日常执行情况,配合完成机车乘务员作业标准化年度鉴定。按照调度日班计划,提供素质达标,满足需求的机车乘务员。

（三）加强运用车队和指导司机管理,组织开展标准化班组建设,落实岗位责任制,工作标准和工作质量考核制度;配合完成指导司机技术业务年度鉴定。

（四）严格落实安全风险管理要求,根据运输生产任务变化,加强安全风险研判,完善安全风险控制表和岗位安全风险提示卡,组织现场作业的检查抽查,加强行车安全装备记录数据分析,不断提高安全防控能力。反馈机车故障信息,提出质量改进建议,参与相关的机破、临修分析。

（五）负责运用车队、机务派班室和驻外公寓指导室的管理。

机务段按照其担当的运输生产任务,机车检修任务及设备规模,可分为机务本段、机务折返段及机务折返点三种。

（一）机务本段（又称机务段）

机务段具有以下特点:

（1）配属有一定数量的干线机车和调车机车。

（2）有一整套的机车运转整备设备和一定能力的机车检修设备。

(3)担当指定区段内的列车牵引作业和编组站、区段站及沿线较大中间站的调车作业。

(4)负责机车的运转整备作业和日常保养工作,担当一定的机车检修任务。

机务段按其工作性质不同,可分为客运段、货运段和客货混合段。根据其设备及检修工作量不同,可分为大修机务段、中修机务段及小修机务段,中修机务段也承担少量的扩大中修和大修。

机务段实行段长负责制和段内各级领导负责制,专职人员负责制及工人岗位责任制。

机务段的机车管理工作,主要分属于机车运用和机车检修两大车间。运用车间也称运转车间。运用车间负责组织乘务员工作和机车的运用及机车整备作业,并根据计划安排检修机车的扣车和组织机车中间技术检查作业或进行状态修各级检查作业等。运用车间的地勤行修组也有少量的检修工人,以处理机车临修故障及对机车进行日常维护工作。

为了及时处理行车事故、起复机车车辆,及时开通线路,恢复行车,在机务段一般设有救援列车。沿线如发生行车事故,救援列车可随时开出进行处理,以迅速恢复正常行车。机务段内设置救援列车办公室,专门负责救援列车的维护使用及救援列车人员的组织管理工作。

(二)机务折返段

其组织成员和业务工作均属机务段领导,一般不配属机车,不担当机车交路,仅担当本段或其他段折返机车的整备作业并组织乘务员出退勤和待乘休息。根据整备工作量的不同,折返段设置全部或部分机车运转整备设备,不设机车检修设备。在特殊情况下,机务折返段也支配少量的机车,担任较小工作量的机车交路、小运转和调车业务,为了适应所支配机车的需要,段内设置机车部分临修设备,而机车的小修作业由所属的机务段承担。机务折返段按照有无支配机车,可称为有支配机车折返段和无支配机车折返段。

(三)机务折返点(又称机务整备所)

它是为担当补机、调机、小运转机车等的部分整备作业而设置的,机车在折返点为等待工作仅作较短时间的停留。在折返点不设公寓,仅有相应的管理机构及少量的管理人员。

二、各级机车调度的职责

为了组织实现列车运行图和机车周转图,指挥日常机车运用工作,总公司、铁路局和机务段,应分别设置机车调度室。

机车调度工作的基本任务是:

1. 正确编制日(班)计划机车周转图,并组织实施。

2. 与行车调度员密切配合,组织均衡开车,保证机车供应。

3. 经济合理地使用机车,提高机车运用效率。

4. 及时正确地处理日常运输生产工作中出现的问题,维护安全正点。发生行车事故和重点列车运行晚点,要及时查明情况,并逐级上报。

5. 正确填记各种表报和台账。

6. 掌握回送机车动态及备用机车的加入与解除。

7. 加强与行车调度之间的联系,严格掌握机车乘务员按规定时间叫班,防止列车晚点和乘务员超劳。

8. 经常深入现场、添乘机车、熟悉情况,不断提高工作能力和指挥水平。

机车调度工作实行总公司、铁路局集团公司(以下简称铁路局)、机务段三级管理。总公司机车调度由总公司机辆部负责业务主管;铁路局机车调度隶属铁路局集团公司调度所管理,机务处负责专业指导,并明确具体分管领导,同时对机车调度岗位设置和人员的招聘(选拔)提出专业建议;机务段所在地设机车调度室,由机务段运用科主管。

各级机车调度实行逐级负责制,下级调度必须服从上级调度的指挥;总公司运输局装备部、铁路局机务处是机车运用工作的主管部门,负责机车调度工作的领导。机车调度员是机车日常运用的组织者和指挥者。各级机车调度人员,必须树立铁路运输全局观念和市场营销意识,严肃调度纪律,严格执行各项规章命令。机车乘务员及机务行车工作人员必须服从机车调度的指挥。

各级机车调度员应从思想作风好、业务能力强的优秀司机中选拔,或由现职调度员中逐级选拔。新任用的机车调度员必须经过机车调度专业知识的培训。

各级机车调度人员应经常深入现场,添乘机车,调查研究,熟悉乘务员、机车、线路、设备等情况,取得指挥工作的主动权。

各级机车调度的职责范围如下:

(一)总公司普速机车调度职责

总公司普速机车调度职责:

1. 监督、检查、指导铁路局、机务段机车调度工作,维护调度纪律,严肃调度命令、通报违章、违令、不服从指挥的单位和人员,组织交班分析,提出整改要求。

2. 督促、组织跨局交路机车工作计划的编制和实施。

3. 掌握总公司机车动态,重点掌握跨局交路机车、乘务员使用等情况,协调分界口机车供应和运输畅通。

4. 协调、处理跨局机车回送等相关事宜。

5. 核准各铁路局实际运用机车超、欠供应台数,提出考核建议。

6. 发布长期备用、封存机车加入和解除以及跨局救援列车出动的调度命令。

7. 根据上级部署的重点列车计划,及时掌握机车和人员安排。

8. 分析机车运用指标完成情况,按月、季、半年、年度通报。

9. 收集、报告和反馈涉及机务有关铁路交通事故,行车设备故障等信息,落实应急处理预案要求,协调处理有关问题,跟踪后续处理情况。

10. 发布、审核、签收、提报有关机车和人员担当调整等相关的调度命令申请和重点事项。

11. 协调组织做好新图实施,新线开通,新机型使用有关工作。

12. 定期登乘机车,熟悉现场情况,不断提高工作能力和指挥水平。

13. 完成领导交办的其他任务。

(二)总公司动车司机调度职责

1. 监督、检查、指导铁路局、机务段动车司机调度工作,严肃调度纪律,通报违章、违令、不服从指挥的单位和人员组织交班分析,提出整改要求。

2. 协调处理跨局动车组回送、动车组担当相关事宜。

3. 根据上级部署的重点列车计划,及时掌握人员安排。

4. 认真审核跨局动车组回送及临时更换车底申请,及时通报相关调度台,会签相关调度命令,督促相关铁路局安排担当临时任务动车组司机乘务及带道。

5. 掌握动车组列车正常运行的设备故障发生、处理、恢复情况。

6. 协调组织做好新图实施,新线开通,新机型使用等有关工作。

7. 掌握、收集铁路局高铁(客专)联调联试工作和信息。

8. 收集、报告和反馈涉及机务有关铁路交通事故,行车设备故障等信息,落实应急处置预案要求,协调处理有关问题,跟踪后续处理情况。

9. 定期登乘动车组、熟悉现场情况,不断提高工作能力和指挥水平。

10. 完成领导交办的其他任务。

(三)铁路局普速机车调度职责

1. 负责编制、下达和组织实施日(班)机车工作计划(含跨局交路机车工作计划),绘制计划机车周转图,与运行有关调度密切配合,安排机车与列车的衔接,组织均衡开车,分阶段绘制实际机车周转图,提高机车周转图兑现率。

2. 掌握列车运行情况,遇有问题及时协调、处理。发生事故、机车故障等情况时,及时按规定报告总公司机车调度,填写《行车事故救援情况表》,并通知相关铁路局。维护调度集中统一指挥,杜绝机车乘务员(含动车组司机)违反统一指挥的情况发生。

3. 掌握机车乘务员一次乘务作业时间和驻外公寓休息时间,对可能超劳的,及时协调行车相关调度优先放行,对不能在超劳前到达的,要通知机务段做好换班工作。

4. 根据机车检修计划组织机车按时入厂、段检修,掌握机车检修进度。

5. 掌握本局管内机车运用检修情况、救援列车动态,发布机车相关调度命令。

6. 发布救援列车出动调度命令,组织救援列车及时出动。

7. 及时安排机车回送,掌握回送动态,协调解决回送不畅问题,并报告总公司机车调度。

8. 建立机车配属、供应、使用、考核等相关报表台帐,分析上报机车运用指标完成情况。

9. 参加调度所、机务处日常交班会,汇报行车安全、机车运用组织、机车乘务员、动车组司机使用及乘务员超劳等情况。

10. 定期登乘机车,熟悉现场情况,不断提高工作能力和指挥水平。

11. 完成领导交办的其他任务。

(四)铁路局动车司机调度职责

1. 督促、组织动车组司机乘务计划和地勤司机作业计划的编制和实施。

2. 负责接收、处理相关动车组文件、电报和命令并组织落实。

3. 掌握当日动车组运用计划、热备车底、检修计划、临时开行、试验运行、车底更换等情况。

4. 掌握动车组司机人员动态。收集当日动车组、相关动车段(所)值乘司机、地勤司机、热备司机及外公寓和间休室人员名单、联系方式等信息。

5. 发生非正常情况时,落实应急处置预案要求,做好动车组司机乘务调整,收集相关作业安全信息,上报总公司动车司机调度。

6. 认真审核动车组回送及临时更换车底的申请,核对相关调度命令,组织机务段做好任务担当及带道安排。

7. 收集动车组运行、晚点和故障信息,上报到相关部门。

8. 根据动车组担当交路和动车段(所)作业计划,掌握担当乘务交路和地勤司机作业计划安排。

9. 定期登乘动车组,熟悉现场情况,不断提高工作能力和指挥水平。

10. 完成领导交办的其他工作。

(五)机务段机车调度室调度职责

1. 负责机车运用的集中统一指挥。严格执行各项规章和安全管理制度。

2. 负责接收铁路局的日、班、阶段计划,及时下发到相关派班室,合理安排机车供应,组织机车正点出库。分阶段及时接收实际机车周转图,掌握到达机车运态,合理安排机车计划。

3. 负责运行揭示调度命令的接收和复核,LKJ 临时数据文件的编辑、核对、模拟和审核等工作,并按规定下达到派班室。

4. 与铁路局调度及有关站、段保持密切联系,随时了解列车运行情况和机车使用情况。

5. 及时处置运输生产中非正常问题,遇发生铁路交通事故、设备故障和重点列车运行晚点等情况,要及时查明原因,迅速上报。

6. 落实重点列车的机车运用和人员安排。

7. 掌握机车乘务员工作和休息时间,及时向铁路局机车调度预报,防止机车乘务员超劳。

8. 掌握机车配属、运用、整备、检修运态,及时变更机车工作种别,按检修计划及时扣车。掌握当日检修机车的预交车时间,督促及时交车,每日 15:00 前要将机车修竣时间或预计修竣时间上报铁路局机车调度。

9. 组织铁路局的机车回送计划落实,及时掌握回送机车动态,上报铁路局机车调度。

10. 负责接收处理相关动车组文件、电报和命令,组织贯彻落实。

11. 根据高铁调度日计划,编制、上报动车组司机乘务计划和地勤司机作业计划。掌握动车组司机人员动态,上报当日值乘司机、地勤司机、热备司机、外公寓和间休室司机名单,联系方式等信息。

12. 统计动车组运行、晚点和故障信息,上报到相关部门。

13. 接到动车组回送及临时更换车底调度命令时,及时组织车间做好人员安排。

14. 掌握救援列车动态,按调度命令组织救援列车及时出动。

15. 准确掌握 LKJ 数据换装进度。

16. 定期登乘机车(动车组),熟悉现场情况,不断提高工作能力和指挥水平。

17. 完成领导交办的其他任务。

第二节　机车运用管理

我国铁路机车仍在实行配属制度。所谓配属制度,就是总公司根据运输任务的需要和运输设备条件等因素将机车配属给各铁路局使用和保管的制度。各铁路局又将机车配属给所属的机务段,以完成运输生产任务。

一、机车的配属与使用

在机车的运用管理过程中,为了有效地管理与合理地运用机车,总公司及铁路局每年在制定年度计划时,要确定各局、段配属机车的台数和类型,并作出路网现有机车的调整方案。这样,就产生了一个机车的配属关系问题。

(一)确定机车的配属时应根据下列原则进行

1. 近期与远期相结合,满足运输需要,符合机车牵引力发展和检修布局的规划,提高机车使用效率和资产回报及效益。

2. 力求机型集中统一、点线结合集中配属。

3. 合理使用机车,注意平衡相邻区段的牵引定数。

4. 适应列车编组计划的分工和运输设备的基本条件。

5. 配置机车根据机车周转图查定,并依据担当任务性质等情况,确定机车检修、备用率。

原则上,小运转、调车任务按 12%,客、货任务管内的按 12%、跨局机车交路的按 15%,春、暑运期间临客任务占图定任务 10% 以上的机务段按 20%,直供电机车按 25%。

(二)机务段的电力机车依据使用情况和状态,应按下列类型加以区分和统计台数

1. 配属机车。根据总公司、铁路局配属命令,拨交铁路局(包括自购)及机务段保管、使用,涂有局、段标志并在资产台账内登记的机车。

2. 非配属机车。是指原配属关系不变,根据总公司、铁路局命令,由他局、段派至本局、段入助及临时加入支配(含长交路轮乘)的机车。

机务段的现有机车按指挥使用权限可划分为两大类,即一类是本段可以支配的,称为支配机车;另一类是本段无权支配的,称为非支配机车。

3. 支配机车。根据总公司、铁路局命令拨交各局、段支配使用的机车。包括入助和临时加入支配(含长交路轮乘)的机车。

4. 非支配机车。根据铁路局命令批准的长期备用(长期备用机车为局的支配机车,为段的非支配机车)、出助的机车以及按租用合同办理的出租机车。

机务段的支配机车,按照机车的工作状态,又可分为运用机车与非运用机车两种。

5. 运用机车。为参加各种运用工作的机车。包括担当工作以前必须进行必要的准备工作。等待工作的机车,以及经总公司、铁路局命令批准的其他工作的机车。

6. 非运用机车。是指未参加运用工作的机车。包括备用、检修及经总公司、铁路局命令批准的其他机车。

机务段因受运输任务的变动或由于机车运用效率的提高,运行机车有多余时,应将多余的机车转入非运行机车内,作为备用机车,以提高机车运用指标。

(三)充分地利用机车的牵引力,提高机车的运用指标和效率

1. 担当旅混、行包、货物、小运转、补机的机车,必须按列车运行图和机车周转图的规定使用。客运机车应尽量固定使用。

2. 担当货物列车的机车,除列车运行图规定的列车外,不应在中间站、岔线及有专用调车机车的车站进行调车作业。

3. 机车使用年限应按《铁路机车运用管理规则》的规定执行,年限为 20 年。

机务段配属机车分类情况如图 5-2 所示。

图 5-2　配属机车分类

二、机车段修计划的编制

电力机车作为铁路运输的牵引动力设备,自其制造落成,交付使用以后就有保养、检查、修理工作相伴而生。机车运用与修理是周期性进行的,机车通过定期检修来消除各零件、部件及机组在运用中的损伤,经常保持和不断恢复机车的基本技术性能,保证机车正常运用,从而能安全、正点、优质、高产、低成本地完成运输生产任务。

机车的修理计划由机务段技术科负责,会同检修、运用两车间共同编制。编制机车修理计划时,应依据修程范围、两次修理间机车走行公里标准或期限,并根据机车的实际技术状态,运输任务,修理业务等情况通过机车走行公里的推算,经过综合平衡,安排确定机车的中修、小修和辅修计划日期。中修计划应尽量做到均衡进车,以保证检修车间有节奏的生产,并不致造成运用机车台数太大的波动。

目前,我国普遍实行的电力机车周期修共分为大修、中修、小修、辅修 4 级,其中中修、小修和辅修为段修修程。

大修:机车全面检查修理,恢复机车的基本质量状态。

中修:机车主要部件检查修理,恢复其可靠使用的质量状态。

小修:机车关键部件和易损易耗零、部件检查修理,有针对性地恢复机车的运行可靠性。有诊断技术条件者可按其状态进行修理。

辅修:机车例行检查,做故障诊断,按状态修理。

各修程安排如图 5-3 所示。

图 5-3　机车修程安排

(一)各级修程的周期

各级修程的周期,应按非经该修程不足以恢复其基本技术状态的机车零部件,在两次修理之间保证安全运用的最短期限确定。根据当前机车技术状态及生产技术水平,电力机车检修周期规定见表 5-1。

表 5-1　电力机车检修周期

客、货运本务机车	补机和小运转机车
大修:(160～200)万 km	大修:不少于 15 年
中修:(40～50)万 km	中修:不少于 3 年
小修:(8～10)万 km	小修:不少于 6 个月
辅修:(1～3)万 km	辅修:不少于 1 个月

小、辅修周期为参考值,各局可根据机车实际技术状态自行确定。中修周期各局可根据"内燃、电力机车段修管理规程"规定的范围,结合客、货运输任务及各地运用条件的具体情况

确定并报总公司核备。

为了不断提高机车的使用效率,应认真掌握机车状态的变化规律,在保证机车质量的前提下,经报总公司批准后,允许铁路局进一步延长机车或部件的检修周期和进行检修周期新的计算方式(如运行时间)的尝试,实行"弹性周期计划修"或"定期检查状态修"。但危及行车安全的部件必须严格按周期检查和修理,可不与机车修程同步。

(二)检修计划及检修范围

机车检修应按计划进行。检修计划由机务段技术科(室)负责会同检修、运用车间,根据机车走行公里,实际技术状态,以及检修、运用车间的生产情况等进行编制,按照程序审批后下达实施。

1. 小修及辅修计划

机车小修及辅修月度或旬(周)计划应在月或旬(周)开始前3～5天提出,经机务段段长批准,报铁路局核备后执行。运用车间要于机车修程开工48 h前填好"机统-28",并于24 h前交检修车间。

2. 中修计划

机务段应在每年度开始前85天,编制出次年分季的年度机车中修计划报铁路局。机务段每季度开始前45天编制出分月的季度中修计划报铁路局,铁路局审查、平衡、批准后,于季度开始前30天下达到承修段,并通知委修段。委修段于月度开始前25天将中修机车不良状态书寄给承修段。承修段于每月开始前10天,编制出中修施工月计划,报铁路局审核后执行,并通知委修段按计划送车。

3. 检修范围

机车各级段修修程必须有科学合理的检修范围(含探伤范围、验收范围、配件互换范围),并认真贯彻执行。

辅修范围由机务段负责编制并确定。

小修范围由机务段负责编制,报铁路局审批备案。

中修范围由铁路局组织编制,报总公司备案。

段修范围应由编制单位根据执行中出现的机破、临修、碎修、超范围修等情况定期组织修订。

4. 段修范围

机车段修范围编制的依据是段修周期;各机组、部件的技术要求;机车状态的变化规律;原范围执行情况。

(三)机车小修注意事项

在编制机车小修计划时,应注意下列事项:

1. 根据段检修能力,坚持包修负责制,考虑运用机车保有台数,合理安排客、货、调、小各机型的定期检修。

2. 节假日期间应调整,可适当安排提前进行。

3. 机车质量需要提前整修时。

4. 由于检修能力所限,机车走行公里已接近定检,无法安排时,可转入备用。

5. 由于运行秩序不正常,机车走行公里发展不平衡,日常应加强掌握,在日班计划中进行调整,防止发生超、欠公里现象。

6. 机车调度及机务段机车调度员应加强三日计划的掌握,确保兑现。并调整回库交路,组织按线回库。

三、机车状态修简介

目前,在我国的部分电力机务段中,已实行了更为先进、灵活的状态修形式,对电力机车进行技术检修。

状态修就是"计划检查、状态修理"的简称。其作业类型分为:段修、Ⅰ级检查、Ⅱ级检查。

状态修是根据可靠性理论和全员生产维修(TPM)方法,结合电力机车特点而作出的机车检修制度的改革。

状态修时,机车进行Ⅰ、Ⅱ级检查的走行公里及停时标准。

Ⅰ级检查:(0.5～1.5)万 km,停时 2 h;Ⅱ级检查:(3～7)万 km,停时 10 h。

状态修的检查周期安排(图 5-4)。

图 5-4　状态修的检查周期

其中段修间隔走行公里为(50～90)万 km,修程停时 5 天(不包括喷漆时间)。

状态修的优点:修程走行公里标准伸缩性大,机动灵活,对提高综合经济效率和社会效益,改善机车质量,减少机车库停时间,缓和运输能力和设备通过能力的矛盾,同步实现机车质量和职工素质良性循环等方面有着显著的效力。

第三节　机车交路及机车运转制

一、机车交路

铁路机车牵引列车基本上是按区段接续进行的。机车固定担当运输任务的周转(往返)区段称机车交路,又称机车牵引区段。

如图 5-5 为机车交路示意图。从机务段到折返段间的距离 L_1、L_2、L_3 即为交路长度。图中 A、D 为机务段所在站,B、C 为折返段所在站。

图 5-5　机车交路示意图

一个机务段担当机车交路的数量,根据机务段在路网中的位置及运输任务可为一个或几个。在图 5-5 中,B、C 为机务段 A 的折返段,所以说 A 机务段担当两个机车交路。显而易见,机务段担当的交路数多,交路长则对减少铁路建设投资和铁路运输费用以及提高机车运用效率是非常有益的。但是确定机车交路是一个比较复杂的工作,必须同时考虑到现有线路情况、牵引动力的种类、机型,编组站的分布及分工,行车组织的特点及货流方向,沿线的自然条件和生活条件等因素。

(一)确定机车交路的基本原则

确定机车交路的基本原则,在《铁路机车运用管理规则》中规定:

1. 充分利用运输设备条件,根据列车编组站分工,推行"机车长交路、乘务区段化"运用模式,实行机车集中配置,乘务分段担当,向同方向或多方向延伸覆盖,提高运用效率。

2. 依据路网特点和机车续行能力,科学、合理确定机车交路,兼顾机车整务、检修能力,统筹安排机车乘务员休息和工作时间,满足运输生产需求。

3. 充分利用各类机车性能,逐步统一干线和跨线牵引定数,提高机车运用效率和运输能力。

4. 根据机务生产力发展水平,坚持近期与远期相结合,不断完善和优化。

机车交路按用途分为客运机车交路和货运机车交路;按区段长度不同分为一般机车交路和长交路;按机车运转制分为循环运转制、半循环运转制、肩回式和环形小运转制交路等。根据铁路技术政策,内燃、电力机车尽量采用长交路。

目前,我国铁路的机车交路长度一般在 200 km 左右,随着铁路牵引动力向内燃、电力机车牵引过渡,机车交路的发展方向将是长交路,一般电力机车牵引区段的交路长度可达 500 km 以上。

(二)机车交路的图例说明(表 5-2)

表 5-2　机车交路的图例说明

图　例	说　　明	图　例	说　　明
□	机务本段		在折返点立即折返中途换班交路
○	机务折返段		在折返点调休中途换班交路
	在折返点立即折返肩回交路		在折返点立即折返循环交路
	在折返点调休肩回交路		在折返点调休半循环交路
	在折返点住班肩回交路		
	在折返点住班中途换班交路		

二、机车运转制度

机车在交路上从事列车牵引作业的方式称为机车运转制。它是组织机车运用、确定机车整备设备布置,决定机车全周转时间并影响铁路运输工作效率的重要因素。机车运转制可分为:循环、半循环、肩回、环形、循回运转制度。为了提高机车运用效率,应广泛采用循环或半循环运转制。

(一)肩回运转制

机车由本段出发,从本段所在站牵引列车到折返段所在站,进入折返段进行整备及检查作业,然后牵引列车回本段所在站,再进入本段进行整备及检查作业。机务本段担当两个方向相反的机车交路的,称为双肩回运转制。

在这种情况下,机车一般只在一个牵引区段内往返一次,就要进入本段一次,如图5-6所示。

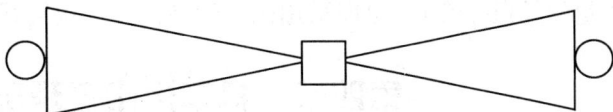

图 5-6 双肩回运转制示意图

（二）循环运转制

机车从本段所在站出发,在一个牵引区段(如甲-乙间)上往返牵引列车后回到本段所在站(甲站),机车不入段,仍继续牵引同一列车或换挂另一列已准备好的车列,运行到另一牵引区段(如甲-丙间)的折返段所在站(丙站),再从丙站牵引列车返回乙站。这样,机车在两个牵引区段上牵引列车循环运行,平时不进本段,直到机车需要进行检修时才入本段,这种方式叫全循环运转制,如图5-7(a)所示。图5-5(b)是另一种循环运转制示意图,是机车乘务员在折返段进行调休的循环运转制。

(a) 循环运转制示意图之一　　(b) 循环运转制示意图之二

图 5-7 循环运转制

循环运转制的优点是机车运用效率较高,能够加速机车的周转,并减轻车站咽喉的负担。它的缺点是占用到发线时间较长,站内要设整备设备,对机车质量要求较高。

（三）半循环运转制

如果机车牵引列车在两个牵引区段上周转循环一次就入本段一次进行整备、检查,就叫半循环运转制,如图5-8所示。

（四）环形运转制

机车出段后,在一个或几个方向担当若干次往返作业后,机车辅修或小、中修时,或者机车需要整备作业时,机车才入本段进行整备作业,如图5-9所示。这种交路适用于近郊列车、通勤列车、环形列车或小运转列车。

图 5-8 半循环运转制示意图

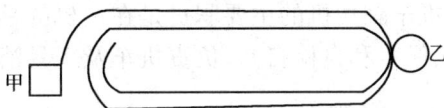

图 5-9 环形运转制示意图

（五）循回运转制

机车牵引列车运行于一个方向相当于两个交路区段后,返回机务本段入库整备作业一次,这种交路叫做循回运转制,如图5-10所示。机车从本段出库,在甲站牵引列车向乙站运行,列车运行到乙站时,机车不摘钩乘务员换班继续牵引列车向丙站运行,列车到达丙站后,机车摘钩进入折返段进行整备作业。然后机车再牵引反方向列车经乙站回到本段所在站甲站。机车到达甲站后摘钩进入本段整备。

图 5-10 循回运转制示意图

目前,肩回运转制仍然是我国铁路上采用最多的一种运转制。在采用肩回运转制时,可以尽量延长机车交路(也即采用循环运转制),以提高机车运用效率。

第四节　机车运用管理部门的体制及职责

一、机车乘务组

每台运用机车由乘务员小组担当机车的操纵和保养工作,乘务员小组通称为机车乘务组。机车乘务组的组成因机车类型及乘务制的不同,有的机车乘务组人数较多,有的人数少。

我国《运规》规定:铁路配属机车(代固机车除外)必须有车有人,并有一定的预备率、在职培训率和后续培养率。

机车乘务员每班的配备,内燃、电力机车每班设司机、学习司机各一人;实行双司机值乘的,每班设司机两人。双节重联时,设司机一人,学习司机两人(无重联线的除外)。实行轮乘制的乘务机班要固定,不得任意拆散。实行包乘制的机车,每台机车设司机长一人;实行轮乘制的每3~5班可设轮乘司机长一人。司机长在每台机车乘务组中选拔较优秀的司机担当。

机车乘务员是铁路运输的主要工种。不分昼夜,不误分秒,按乘务作业标准要求安全驾驶机车战斗在运输第一线,任务艰巨而光荣。因此,机车乘务员必须具备下列条件:

1. 符合岗位标准要求,司机须取得中华人民共和国铁路机车车辆驾驶证。

2. 敬业爱岗,胜任本职工作。

3. 身体条件符合国家对铁路机车车辆驾驶人员职业健康标准的要求。

4. 具备中专及以上学历,具有良好汉字读写能力并能够熟练运用普通话交流。

符合2~4项要求的人员,在机务段乘务学习满半年(或乘务公里满3万km),经铁路局组织考核合格,颁发铁路岗位培训合格证后,方可担当副司机工作。年龄35岁及以下的在职或入职副司机,应在三年内达到机车乘务员学历标准。

机车司机的主要职责是在机车队和司机长领导下,组织本机班按列车运行图行车,认真执行规章制度,确保安全正点、平稳操纵,质量良好地完成运输任务;搞好机车保养,努力节约煤、油、水、电;正确及时地填写司机报单和机车检修登记簿等原始资料。

机车副司机的主要职责是在司机的领导下,认真执行一次乘务作业程序,做好机车检查、给油、保养和自检自修,负责机车及工具清洁完整,经济使用燃料、油脂。

二、乘务员的劳动和休息时间标准

为了保证机车乘务员在工作时精力充沛,注意力集中,从而更有效地完成运输生产任务,各级领导应关心机车乘务员的实际工作条件,保证乘务员能充分地休息。为此,总公司制定的《运规》中,规定了乘务员的劳动和休息时间标准。

1. 机车乘务员劳动时间

一次连续工作时间标准(包括出、退勤工作时间,以下同),机车司机、副司机配班值乘,客运列车不得超过8 h,货运列车不得超过10 h。机车乘务员的便乘时间,不计入连续工作时间内(随货运列车或无卧铺客运列车便乘时除外)。机车单班单司机值乘时间标准由铁路局制定。机车双班单司机值乘:客运列车按旅行时间不超过15 h加出退勤工作时间,货运列车旅行时间不超过16 h加出退勤工作时间。

2. 机车乘务员休息时间

机车乘务员的经常居住地点应在机务段所在地。

在本段休息时间不应少于 16 h。

外公寓调休时间不得少于 5 h(其时间的计算为到达公寓签到休息至叫班时止,以下同);在外公寓驻班休息时间不得少于 10 h;轮乘制外公寓换班继乘休息时间不得少于 6 h。具体休息时间标准由铁路局在编制列车运行图时公布,不能随意变更。

严格防止机车乘务员超劳。在编制列车运行图时不准出现超劳。各级行车调度、机车调度要根据列车实际运行情况,准确掌握叫班时间。密切注意列车运行情况,遇特殊情况超劳时,要尽快采取措施。

实行轮乘制的机车乘务员每月应有 1~2 次 48~72 h 的大休班时间。

三、机车乘务制度

机车乘务制度是机车乘务员使用机车的制度。分为包乘制、轮乘制和轮包结合制。

班制配置一般为三班制、三班半制和四班班制。班制的选择应符合总公司制定的机车乘务员劳动时间标准和运输的需要。

内燃、电力机车适用于长交路、轮乘制和轮包结合制。为了发挥内燃、电力机车的优势,提高运输能力和运输效率,内燃、电力机车应有计划地逐步实行长交路、轮乘制和轮包结合制。

(一)包乘制

实行包乘制时,将一台机车分配给固定的几个机车乘务组,这几个机车乘务组称为机车的包乘组。实行包乘制的机车,每台机车设司机长一人。机车包乘组在司机长领导下,负责所包机车的运用、安全、保养、节约、整备、验收、保管、交接等工作,以保证质量良好地完成运输生产任务。也就是说机车包乘组负有对所包机车的包用、包管、包养的全部责任。包乘制中还有跨段对包的形式,机车采用长交路,两个段的乘务组对包机车。

包乘制的特点是:

1. 加强了乘务员对机车保养的责任心,有利于机车的保养工作,保证机车经常处于良好的技术状态,能质量良好地投入运用。

2. 乘务员熟悉所包机车的性能特点,有利于钻研和发挥操纵技术。

3. 为机车的运用管理工作提供了方便的条件。

建国以来,包乘制取得了显著的成果。但是,因为机车的利用程度受到包乘组工作时间的限制,机车有时需在段内长时间停留,以保证机车乘务员足够的休息时间,这样就造成机车的生产时间不能充分利用,因而降低了机车的运用效率。

(二)轮乘制

近年来,随着牵引动力的改革,在内燃、电力机车整备作业量少,运行距离长的条件下,我国逐步实行了轮乘制和轮包结合制。

实行轮乘制度,机车不分配给固定的机车乘务组,而是将机务段全体机车乘务员和全部机车统一组织,集中使用,按照歇人不歇车的循环轮乘管理体制,由许多机车乘务组轮流使用全部机车。由于机车和乘务组之间没有固定关系,机车工作时间的利用不受机车乘务组的牵制,所以能更为合理和高效地使用人力和机车。

实行轮包结合乘务制度是轮乘制的另一种形式,它综合了包乘制和轮乘制的优点,更有利于发挥长交路的优势,弥补轮乘制保养工作不易落实、机车技术状态较差的缺陷。采用轮包结合乘务制度的方法一般是本段出发为包乘机班,外段折返为轮乘机班。

我国电力机车的机车乘务制度大多采用轮乘制。在轮乘制中由于实行中途轮班,循环轮乘,歇人不歇车的接力运转方式和机车乘务组采取顺序出乘,便于适当安排其休息时间。所以,机车运用效率大大提高。调查资料表明,实行轮乘制较包乘制可节约机车 1/7 左右,并使乘务员的劳动生产率提高 25%～30%。因此,如果和电力机车适于长交路运行的特点结合起来看,轮乘制便是一种优越的、技术指标高、经济效果明显的,有发展前途的机车乘务制度。

轮乘制同包乘制比较有突出的优越性,具体表现为:

1. 便于合理掌握机车乘务员的作息时间,实行长交路运行,提高乘务员的劳动生产率。

2. 机车运用不受机车乘务组作息时间的限制,可以缩短非生产停留时间,提高机车运用效率。

3. 减少了机车出入库的次数及等待列车的时间,缩短了途中停留时间,加快了机车周转,减少了运用机车台数。

4. 减少了直通列车摘挂机车次数,缩短了中途站停时间,提高了旅行速度,加快了车辆周转,提高了线路通过能力。

5. 减少了沿线机务设备及区段站的设置,可以少占农田,节省基本建设投资。

6. 有利于实行专业化集中修,提高机车检修质量,降低检修成本。

四、乘务方式

机车乘务组如何换班出乘,担当机车作业的方法称为乘务组的出乘方式,又称机车乘务组的乘务方式。

乘务方式根据交路长度和乘务组连续工作时间标准,一般分为 6 种。

1. 驻班制

采用驻班制乘务方式时,在折返段预先派驻若干个机车乘务组,当本段机车乘务组执乘牵引列车到达折返段休息时,由折返段驻班机车乘务组接车,牵引列车返回本段。如此轮流执乘,轮流在折返段休息。

驻班制乘务方式适用于行车密度大的长交路上,可以提高机车运用效率。但是乘务员经常在外段驻班,生活和学习条件不够正常。驻班制示意图如图 5-11 所示。

2. 调休制

一个机车乘务组由机务段出乘,担当机车作业到达折返段后不换班,由于乘务组往返执乘连续工作时间超过规定时间,乘务员需要在折返段公寓调休 4～6 h(不包括退勤时间),机车也随之在折返段停留等待,然后原班原车返回机务段,如图 5-12 所示。

图 5-11　驻班制示意图　　　　　　　　　图 5-12　调休制示意图

该乘务方式适用于行车密度小的较长交路。其主要缺点是机车运用效率低,乘务员有一部分时间在外段休息。

3. 立即折返制

一个机车乘务组由机务段出乘担当机车作业,到达折返段不需要换班,而接运最早的列车返回机务段,再退勤休息。这种乘务方式称为立即折返制,如图 5-13 所示。

这种乘务方式适用于行车密度大的短交路上,其

图 5-13　立即折返制示意图

优点是乘务员在家中休息的时间较长,有利于参加段内的组织活动和业务学习,便于机务段对乘务员的组织管理工作,机车运用效率也比较高。

4. 中途驻班制

一个机车乘务组由机务段出乘,担当机车作业到达中途整备点后退勤休息,由预先派驻在中途整备点的机车乘务组接乘到达折返段后,原班原车牵引其他列车立即折返回中途整备点退勤休息,而后再由中途整备点已经休息的机车乘务组执乘返回机务段,如图 5-14 所示。

中途驻班制的优点是机车交路长,一般相当于一个长交路与一个短交路距离之和,机车运用效率高。但驻班在中途整备点的乘务员长期离开机务段,因此须在中途换班地设置乘务员公寓或家属宿舍。

5. 两处驻班制

采用两处驻班制时,机务段预先在中途整备点和折返段均派驻若干个机车乘务组。一个机车乘务组由机务段出乘,担当机车作业到达中途整备点后退勤休息,由驻班机车乘务组接乘担当机车作业继续运行到折返段,也退勤休息。然后折返段驻班机车乘务组担当机车作业,牵引列车返回中途整备点退勤休息,再由中途整备点驻班机车乘务组接乘返回机务段。该乘务方式一般适用于超长交路,相当于两个长交路距离之和,机车运用效率高,如图 5-15 所示。

图 5-14 中途驻班制示意图　　　　　　　图 5-15 两处驻班制示意图

6. 随乘制

采用随乘制时,机车后面挂一辆宿营车,机车乘务组均随机车出乘。先由一班机车乘务组担当机车作业,其余机车乘务组在宿营车上休息。经过一定时间后,在适当的停车站换班执乘。

随乘制机车运用效率很高,工作比较灵活,机车交路可以延伸很长,但是乘务员休息条件最差。该乘务方式一般适用于流动性和临时性运转制。

前述的机车交路类型,机车运转制和机车乘务组乘务方式,三者是互相配合并有固定关系的。概括的说,机车交路类型为机车牵引区段距离,机车运转制为机车从事列车牵引作业的方式,机车乘务组乘务方式即机车乘务组固定的换班处所。

第五节　机车周转图

一、列车运行图

(一)列车运行图的作用

列车运行图规定了各种列车占用区间的秩序,列车由每一个车站出发、通过、到达和交会的时刻;列车在各区间的运行时分;以及列车在车站的停留时间标准等。这样的列车运行图不仅规定了列车的运行,而且也规定了铁路技术设备(线路、站场、机车、车辆等)的运用。同时还规定了与列车运行有关的保证部门(如车站、车务段、客运段、机务段、工务段、电务段、供电段、列车检修所、车辆段等)的工作。因此,列车运行图是行车组织工作的基础。也是铁路运输工作的综合计划。

列车运行图的主要作用是：将所有与列车运行有关的铁路部门（如机务、车务、列车车辆、工务、电务、水电等单位）的工作人员同铁路的运输生产活动统一组织起来，并按照规定的程序协调一致地工作，保证列车按运行图运行。列车运行图应表明如下内容：

1. 根据客、货运量确定列车对数和列车车次；
2. 规定各次列车占用区间的时间；
3. 列车出发、到达和通过各分界点的时刻；
4. 列车在区间内的运行时分和站停时间标准；
5. 列车运行速度、牵引重量和长度标准。

（二）列车运行图的分类

在我国列车运行图是根据国家运输计划编制的，这种根据基本运量进行编制的列车运行图是基本运行图。基本运行图规定的行车量能满足一定时期内的最大客、货运输任务。然而，由于客货运输量在一年之中难以保持稳定。为了适应这种变化，必须在基本运行图的基础上，根据各种行车方案再编制几个运输方案的运行图，这种列车运行图称为分号运行图。例如：某列车运行图用 30 对列车编制，而行车密度最高达 34 对列车，最低只有 26 对列车，则可在26～34 对列车之间，按每相差一对列车再编制 8 个方案，或按每相差 M 对列车再编制 4 个方案，在这里称以 30 对列车编制的运行图为基本运行图，其他 8 个（或 4 个）运行图为分号运行图。

分号运行图又可分为独立和综合分号运行图。独立分号运行图是根据实际的车流情况确定行车量并结合编制分号运行图的特殊要求，像编制基本列车运行图那样，重新定点、定车次的列车运行图，它主要用在单线区段。综合分号运行图是包括几个方案的运行图，是利用基本运行图抽减运行线，不单独定点、定车次而制定的列车运行图，综合分号运行图原则上在复线区段上使用。

有了基本运行图和分号运行图，运输部门就可随着运量的变化，特殊运输的需要及工程施工等情况，选用相应的分号运行图。最后应当指出，列车运行图不是固定不变的，必须根据铁路客货运量的不断增长，铁路技术设备的更新、运输组织工作的改善，牵引定数和旅行速度的提高，经过一定时期重新编定。原则上列车运行图每两年定期编制一次。

（三）列车运行图的识别

列车运行图是运用坐标原理来表示列车在区间运行，在车站到、发、通过时刻和停车时分的一种图解形式，如图 5-16 所示。

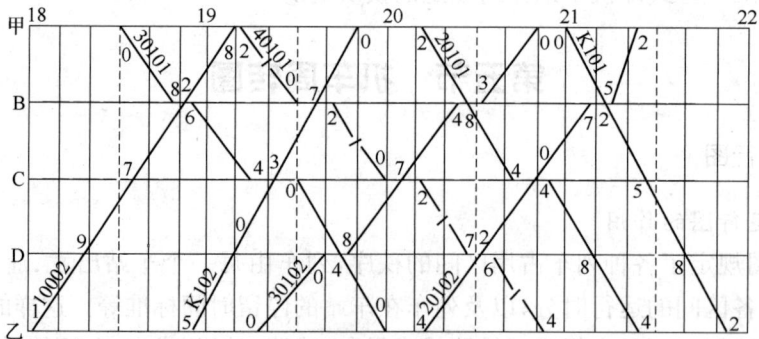

图 5-16　列车运行图示例（局部）

在列车运行图中，采用站名线、时分线和运行线三线表示法。在列车运行坐标图上，横坐标表示时间（t），纵坐标表示距离（L），斜线表示列车运行线。斜线的斜度表示列车的运行速度,斜度越大则列车运行速度越高。

列车运行图时间坐标等分成 24 格,代表一昼夜 24 h。铁路系统以每日 18 点正至次日 18 点正为"一昼夜"时间范围。垂直线为时间线,较粗的线表示小时,细线表示若干分钟,虚线表示 0.5 h。纵坐标按照一个区段内各个站间距离的比例划分成若干水平线即为各站分界点的中心线,大站用粗线表示,小站用细线表示。水平线与水平线间隔表示站间距离。斜线与水平线的交点表示列车在每个车站的出发、通过或到达的时刻。

在列车运行图中,由于铺画了许多不同种类的列车运行线,为了便于识别,对不同的列车种类要采用不同的列车运行线来表示,常见的列车运行线如表 5-3 所示。

列车运行线向上代表上行列车,向下代表下行列车。上行列车的车次为双数,下行列车的车次为单数。我国铁路规定,向首都运行的方向为上行方向,反之为下行方向。

表 5-3　列车运行线部分图例

序号	列车种类	表示方法	示　例	备　注
1	旅客列车(混合列车)	红色单线	——————	以车次区分
2	临时旅客列车	红单线加红双杠	—‖——‖—	
3	行包专列	蓝单线加红圈	—○——○—	
4	"五定"班列	蓝单线加蓝圈	—○——○—	
5	快运、直达、重载列车	蓝色单线	——————	以车次区分
6	直达、区段、小运转列车	黑色单线	——————	以车次区分
7	冷藏列车	黑细线加红"○"	—○——○—	
8	超限货物列车	黑细线加黑"□"	—□——□—	
9	摘挂列车	黑细线加"∣"、"＋"	—∣——＋—	
10	单机	黑细线加黑"▷"	—▷——▷—	
11	军用列车	红色断细线	— — — — —	
12	路用列车	黑细线加蓝"○"	—○——○—	
13	重型轨道、轻油动车	黑单线加黑双杠	—‖——‖—	

为便于组织列车运行和进行作业,每一列列车必须编有车次。列车的车次表示了该列车的种类、运输性质及运行方向。

(四)列车分类和列车车次规定

1. 旅客列车

(1)动车组 D001～D998(新增)

跨局 D001～D398 读音"动"

管内 D401～D998 具体车次由总公司定

(2)直达特快旅客列车 Z1～Z998

(3)特快旅客列车 T1～T998

跨局 T1～T498

管内 T501～T998

各局车次按下述范围划分:

哈 T501～T530,沈 T531～T560,京 T561～T600,太 T601～T630,呼 T631～T640,

郑 T641～T670,武 T671～T700,西 T701～T730,济 T731～T760,上 T761～T800,

南 T801～T830,广 T831～T870,柳 T871～T880,成 T881～T900,昆 T901～T920,
兰 T921～T940,乌 T941～T960,青 T961～T980

(4)快速旅客列车 K1～K998　　　N1～N998

跨局 K1～K998

管内 N1～N998

各局车次按下述范围划分:

哈 N1～N100,沈 N101～N200,京 N201～N250,太 N251～N280,呼 N281～N300,
郑 N301～N320,武 N321～N350,西 N351～N380,济 N381～N400,上 N401～N500,
南 N501～N550,广 N551～N700,柳 N701～N750,成 N751～N800,昆 N801～N840,
兰 N841～N870,乌 N871～N910,青 N911～N920

(5)普通旅客列车 1001～8998

① 普通旅客快车 1001～5998

跨三局及其以上 1001～1998

跨两局 2001～3998

管内 4001～5998

各局车次按下述范围划分:

哈 4001～4200,沈 4201～4400,京 4401～4600,太 4601～4650,呼 4651～4700,
郑 4701～4800,武 4801～4900,西 4901～5000,济 5001～5050,上 5051～5200,
南 5201～5300,广 5301～5500,柳 5501～5550,成 5551～5650,昆 5651～5700,
兰 5701～5800,乌 5801～5900,青 5901～5998

② 普通旅客慢车 6001～8998

跨局 6001～6198

管内 6201～7598

各局车次按下述范围划分:

哈 6201～6300,沈 6301～6400,京 6401～6500,太 6801～6850,呼 6851～6900,
郑 6901～6950,武 6951～7000,西 7001～7050,济 7051～7100,上 7101～7200,
南 7201～7250,广 7251～7300,柳 7301～7350,成 7351～7450,昆 7451～7500,
兰 7501～7550,乌 7551～7580,青 7581～7598

(6)通勤列车 7601～8998

各局车次按下述范围划分:

哈 7601～7798,沈 7801～7998,京 8001～8150,太 8151～8198,呼 8201～8250,
郑 8251～8298,武 8301～8350,西 8351～8398,济 8401～8450,上 8451～8550,
南 8551～8598,广 8601～8698,柳 8701～8750,成 8751～8850,昆 8851～8898,
兰 8901～8950,乌 8951～8980,青 8981～8998

(7)临时旅客列车 L1～L998　　　A1～A998

跨局 L1～L998

管内 A1～A998

各局车次按下述范围划分:

哈 A1～A100,沈 A101～A200,京 A201～A250,太 A251～A280,呼 A281～A300,
郑 A301～A320,武 A321～A350,西 A351～A380,济 A381～A400,上 A401～A500,

南 A501～A550，广 A551～A700，柳 A701～A750，成 A751～A800，昆 A801～A840，
兰 A841～A870，乌 A871～A910，青 A911～A920

(8)临时旅游列车 Y1～Y998

跨局 Y1～Y498

管内 Y501～Y998

各局车次按下述范围划分：

哈 Y501～Y530，沈 Y531～Y560，京 Y561～Y600，太 Y601～Y630，呼 Y631～Y640，
郑 Y641～Y670，武 Y671～Y700，西 Y701～Y730，济 Y731～Y760，上 Y761～Y800，
南 Y801～Y830，广 Y831～Y870，柳 Y871～Y880，成 Y881～Y900，昆 Y901～Y920，
兰 Y921～Y940，乌 Y941～Y960，青 Y961～Y980

(9)回送出入厂客车的列车 001～00298

(10)回送图定客车的在车次前冠以"0"

(11)因故折返旅客列车 原车次前冠以"F"读音"返"

2. 行包列车 X1～X298

(1)行邮特快专列 X1～X198

(2)行包快运专列 X201～X298

3. 货物列车

(1)货运五定班列 80001～81998

① 集装箱五定班列 80001～80998

跨局 80001～80498

管内 80501～80998

② 普通货物五定班列 81001～81998

跨局 81001～81498

管内 81501～81998

(2)快运货物列车 82701～82798

(3)煤炭直达列车 83001～83998

(4)石油直达列车 84001～84998

(5)始发直达列车 85001～85998

(6)空车直达列车 86001～86998

(7)技术直达列车 10001～19998

(8)直通货物列车 20001～29998

(9)区段货物列车 30001～39998

(10)摘挂列车 40001～44998

(11)小运转列车 45001～49998

(12)超限货物列车 70001～70998

(13)重载货物列车 71001～72998

(14)保温列车 73001～74998

(15)军用列车 90001～91998

(16)自备车列车 60001～69998

4. 单机和路用列车

(1)单机 50001～52998

客车单机 50001～50998

货车单机 51001～51998

小运转单机 52001～52998

(2)补机 53001～54998

(3)试运转列车 55001～55998

(4)轻油动车、轨道车 56001～56998

(5)路用列车 57001～57998

(6)救援列车 58101～58998

注：①为确保旅客列车车次全路唯一性，各局管内特快、快速列车车次不足时，需向总公司申请车次，不得自行确定车次。

②18 个路局：哈尔滨、沈阳、北京、呼和浩特、济南、上海、南昌、郑州、柳州、武汉、西安、兰州、成都、昆明、乌鲁木齐、太原铁路局和广州铁路(集团)公司、青藏铁路公司。

二、机车周转图

(一)机车周转图的概念及识别

列车运行图和机车周转图是机务部门组织运输生产活动的基础。

具体地说，机车周转图是机车工作计划，也是机车乘务员和机车整备(地勤检查)人员的工作计划，它是根据列车运行图、机车交路及所采用的乘务制度进行编制的，它的具体要求是：

1. 保证列车运行图和运输方案的实施，及时提供全部开行列车所需的机车。

2. 经济合理地使用机车，保证完成计划效率指标。

3. 严格贯彻《劳动法》，合理安排机车乘务组的劳动及休息时间。

4. 安排好自、外段机车的整备作业时间及机车在自段的辅修、中修时间。

机车周转图一般采用小时格的运行图图表进行铺划。在表示区段距离的纵坐标上，不象列车运行图那样要划出每个区间站的分界水平线，而只是划出列车始发站、中间换班站、大站及到达站的分界水平线，并在周转图的左侧写上站名，标明区段长度。同时在机车周转图最上方要写明机车的周转区段，周转图实行日期，机车使用效率等参数。另外，在机车周转图的上方和下方，用不重叠的横线(库停线)表示机车在本段和折返段库内的停留时间范围。机车周转图中的列车运行线与列车运行图中的表示方法一样，但单线机车周转图中的列车运行线在区段内可以交叉，如图 5-17 所示。

机车周转图对应于列车运行图也有基本机车周转图和分号机车周转图，并对应于相应的列车运行图同时实施。

(二)机车周转图的编制资料

在编制机车周转图前，要充分做好各项准备工作。也就是技术人员在编制基本机车周转图前要认真查定和准备编制机车周转图所必须的各种资料和标准。一般来说，编制机车周转图时应准备下列资料和原始数据：

1. 列车运行图或行车时刻表。

2. 机车运转制。

3. 机车乘务组的出乘方式。

4. 机车在本段和折返段技术作业的时间标准。

图 5-17　机车周转图略图

5. 机车走行公里、使用台数、全周转时间标准和检查停留时间标准。

6. 机车日车公里、旅行速度、技术速度、机车使用系数等技术指标。

7. 机车乘务员需要人数及补充计划等。

根据收集到的资料及原始数据，参照有关规定编制机车周转图，要完成包括：草画机车周转图、计算简明效率表、绘制机车周转图、编制机车及乘务组工作计划表及计算机车运用主要指标等一整套工作。

（三）机车周转图的编制原则

机车周转图应与列车运行图同时编制，编图人员要共同研究列车编组计划，列车对数和各项查定资料，制定列车运行图与机车周转图的初步方案，然后进行具体编制。

机务编图人员须与列车运行图编图人员密切配合，及时发现和解决问题，做好以下工作：

1. 认真细致地审定旅客列车方案，经济合理地使用机车。

2. 按照列车编组计划、列车对数和各项查定资料，同时安排好列车工作方案和机车周转方案，尽量压缩非生产时间，提高速度系数。

3. 正确查定核心及各分号列车车次，编制好分号机车周转图。

4. 旬间记名式机车周转图编出后，还应同时编制出旬间机车乘务员工作说明表。

（四）列车运行图与机车周转图的协调

在旅行速度、自、外段技术作业时间和自、外段所在站作业时间标准确定的前提下，为了提高机车运用效率，只有设法使机车在自、外段的待发时间减少至最低限度。然而，机车周转图是按列车运行线编制的。因此，只有在编制列车运行图的工作计划过程中把高效率的机车周转图因素考虑进去，才能实现经济合理地使用机车的目的。为此，机务编图人员要做到：

1. 编制前向列车运行图编图人员提供各区段机车运用方式和乘务员换班方式；机车在自、外段的最短折返时间标准；乘务员补充工作时间及连续作业劳动时间标准；为保证年度计划实现的区段日车公里标准；乘务员在外段调休的时间标准。

2. 铺画货物列车运行线前，要求编图人员事先编制草图，以便考虑机车运用效率是否满

足预定指标。

3. 铺画的货物列车运行线初步画成雏型时，机务编图人员应草画机车周转图，如发现问题及时与列车运行图编图人员研究，合理调整运行线，务必使机车交路合适。

4. 从草图中检查乘务员一次作业时间是否超劳，如有超劳，则应及时与列车运行图编图人员研究调整。

第六节　机务段配属机车台数、检修率的计算

一、机务段配属机车台数计算

机务段配属机车台数是指按编制的机车周转图计算应配属的机车台数。

机务段的配属机车台数包括：运用机车台数、检修机车台数和备用机车台数。

机务段配属机车台数的计算一般采用图解法和分析法两种方法。

(一)图解法

图解法是通过机车周转图的编制，从机车周转图上直接核算出运用机车台数的方法。图解法计算的结果准确，但必须以列车运行图作基础，所以只适用于营业铁路线上。由上述知：

配属机车台数($N_配$)＝运用机车台数($N_运$)＋备用机车台数($N_备$)＋检修机车台数($N_修$)

其中：

1. 运用机车台数：除了从机车周转图中核定的客货运机车台数外，还应包括车调机车台数等。

2. 备用机车台数：$N_备＝N_运×$预备率(β)。预备率β由总公司、铁路局掌握控制数字，一般在 10%～15%，担当春运任务较大的主要客运段为 15%，其他段为 10%左右。

3. 检修机车台数：包括大修、中修和小修机车台数，其值为$N_配×$检修率(γ)。检修率γ由总公司、铁路局掌握控制数字，一般在 10%左右。

所以有
$$N_配＝N_运＋N_运×\beta＋N_配×\gamma \quad (台)$$

即
$$N_配＝\frac{(1+\beta)}{1-\gamma}×N_运 \quad (台)$$

在计算中应将客、货、调等各种机车分别计算，当客、货运机车为同一机型时，可合并计算。计算 $N_运$、$N_备$、$N_修$ 时均取小数点后一位，不混用机车 $N_运$ 单独取整，$N_配$ 则小数进整。

(二)分析法

分析法的运用机车台数计算，不是从机车周转图上直接核算出来的，它是根据提出的年计划运量来计算的，所以比图解法计算较为复杂，一般适用于新营运的铁路线，在此不作详细介绍。

二、检修率的计算

机车检修率又称机车不良率，它是指在一定时期内，全路、一个铁路局或机务段平均每天的检修机车台数占支配机车台数的百分比，它所反映的是全部支配机车中检修机车所占的比重。因此，它是以相对数字反映机车质量状态的指标，其计算方法为

$$\eta_{总修}＝\frac{N_修}{N_支}×100\%$$

式中　$\eta_{总修}$——机车总检修率；

　　　$N_支$——支配机车台数；

　　　$N_修$——在修机车台数。

机车检修率还可按各种不同修程分别计算，用以了解支配机车中各种修理所占用的机车比重。按照机车的大修、段修修程，机车检修率可分为大修率和段修率。用以下公式计算：

$$\eta_{大修}=\frac{N_{大修}}{N_支}\times100\% \qquad \eta_{段修}=\frac{N_{段修}}{N_支}\times100\%$$

$$\eta_{总修}=\eta_{大修}+\eta_{段修}$$

式中　$N_{段修}$、$N_{大修}$——段修、大修的机车台数。

机车修理作业除正常修理之外，非正常故障修理称为临修。为考核机车临修情况，采用机车临修率（$\eta_{临修}$）这个指标，计算公式为

$$\eta_{临修}=\frac{N_临}{N_支}\times100\%$$

式中　$N_临$——临修的机车台数。

从上述各计算公式可以看出：机车检修率越高，表示机车不良台数越多，用以运用的良好机车台数越少。因此，加强机车检修、保养，延长机车大、段修走行公里，提高机车运用质量，就可降低机车检修率。而临修率则是直接反映机车技术状态和日常维护、保养质量，表明机车可靠性的技术指标。可以通过加强机车各种修程质量管理，努力提高机车小修质量和机车日常维护保养这两项有效的措施来降低机车的临修率。

第七节　电力机车整备作业

电力机车在担当运输任务过程中，为保证列车运行安全正点，平稳舒适，除乘务员应具备良好的操纵技术外，还必须保证机车处于良好的运用状态和文明状态。为此，各机务段都要在机车运用前，对机车进行日常的整备保养工作。

一、整备作业的意义

所谓整备作业，就是电力机车在投入运用前的一切供应和准备工作。电力机车整备作业包括：机车外皮洗刷、给砂、给润滑油、机车检查、自动信号测试等。电力机车在折返段的整备作业，一般包括机车检查及补砂、补油等。

实行长交路后，可能在中间站到发线上补砂，补砂点的设置应在机车乘务组换乘点为宜，其补砂作业以机车不摘钩为准。一般可就近设置干砂小屋，以人工进行补砂。

由于机车运用周转的要求，机车整备作业必须在规定的时间内保质保量地完成，以满足机车供应的需求。为了很好地完成机车整备作业，除要有良好、先进的整备设备外，还必须有一套严密的组织和管理体系。机车整备作业必须按照一定的顺序进行，并尽可能地缩短机车整备作业时间。

机车整备作业的目的只有一个，即一切为了机车的正常运转。因此，在机车整备作业过程中，必须保证各项作业互相联结成一个整体，做到作业流程顺畅，避免相互交叉干扰，达到走行短、作业快，效率高，以缩短机车整备作业时间，提高机车运用效率的目的。

运用网络控制管理技术做好机车整备工作,是全面质量管理一种新的尝试。网络控制能及时掌握机车的整备作业进度和质量信息,做好对机车的统筹管理,提高整备台位的通过能力,并能够充分发挥现有整备设备的效率。

二、整备作业的范围及基本程序

机车的整备作业由地勤作业和机车乘务员作业两部分组成。

地勤整备作业范围包括:机车检查、修理、日常给油、上砂、各项机能性能试验及三项设备检测等。

我们在此先介绍整备场所机车日常给油和上砂的技术要求,有关机车整备作业中的司机、副司机的检查作业内容将在后面的章节中介绍。

(一)机车整备给油

机车的日常给油是延长磨耗部件使用寿命的有力措施,是一项不容忽视的工作,电力机车整备给油处所和要求如表 5-4 所示。

表 5-4　整备给油处所及要求

序号	给油处所	方法	使用油脂	周期	备　注
1	空气压缩机	注入	压缩机油	不定期	油位保持在油表上下两刻线间
2	牵引电机抱轴承	注入	轴油	不定期	油位保持在油表上下两刻线间
3	齿轮箱	注入	齿轮油	不定期	油位保持在油尺上下两刻线间
4	钩舌销	弧形	轴油	每次	润滑良好
5	轮缘喷油器油箱	注入	双曲线齿轮油	每次	油箱加满
6	钩体与托板磨动部	线式	轴油	每次	润滑良好
7	钩舌与锁铁磨动部	线式	轴油	每次	润滑良好
8	钩尾与托板磨动部	反射	轴油	每次	润滑良好
9	从板与弹簧箱、导框磨动部	反射	轴油	每次	润滑良好
10	钩提杆座磨动部	点式	轴油	每次	润滑良好
11	钩提杆肘销	点式	轴油	每次	润滑良好
12	制动器肘销	点式	轴油	每次	润滑良好
13	制动器各外露销套	点式	轴油	每次	润滑良好
14	手制动机传动装置	点式	轴油	每次	润滑良好
15	两位置转换开关	涂抹	工业凡士林	不定期	抹前将旧凡士林擦干净
16	隔离开关静触头	涂抹	工业凡士林	不定期	上、下均匀涂抹

机车整备给油在实行轮乘制的机务段,此项工作由轮班制给油副司机(或特设日勤制日常给油副司机)负责,地勤检查司机应起到监督作用,确保运动部件油润良好,处于正常工作状态。

(二)机车整备补砂

机车回段后,应向砂箱补足干砂,以备运行中防滑用,这是一项重要的整备作业内容。

撒砂装置应达到以下技术要求:

1. 机车撒砂装置作用良好,砂管的撒砂量均应调整到 2~3 kg/min。

2. 砂管距轨面高 30~55 mm,砂管距离动轮踏面 15~30 mm。

3. 砂子要经过干燥处理,粒度要均匀,成分要符合规定要求。

机车用砂要能使其在砂管内均匀流动,不会结成砂块堵塞砂管。砂子应保持松散状态,不致黏附在砂箱壁上,其中要有一定大小的颗粒,过小时容易从钢轨上吹掉,过大时又容易从钢轨上滚落。砂粒要具有足够的硬度和强度,其中含石英量越多,硬度和强度就越大。

机车用砂技术要求见表5-5。

表5-5 机车用砂成分和粒度

砂质 砂种	成 分		砂粒及比例		备 注
	石英(%)	黏 土(%)	粒度直径(mm)	占有比例(%)	
普通砂	>70	≤3	0.1~2.0	≥90	石英粒度直径为(0.2~0.5)mm的应占60%~65%
			<0.1	≤10	
优质砂	>90	≤1	0.1~2.0	≥95	
			<0.1	≤5	

(三)机车整备作业的基本程序

电力机车整备作业内容较蒸汽机车、内燃机车工作量少,故多采用平行作业方式。即机车入段后,转线至整备线进行各种整备作业,然后动车驶出检查地沟等待交路出段。

电力机车整备作业的基本程序如图5-18所示。

程序中机车检查一项包括:机车内部各室清扫,顶部清扫,低压试验,制动机试验,乘务员自检、自修范围作业,走行部的检查、清扫,砂管保持畅通等内容。

图5-18 整备作业的基本程序

机车整备作业是机务段日常运用工作内容之一。整个整备作业过程作业量大,要求严格,也是乘务员直接参与的一项工作。所以,在整备作业中,要按标准上岗,按标准干活,按标准交班,高质量地完成整备作业,保持机车良好的运用状态。

本章小结

本章详细介绍了机车管理与运用的有关知识,其中机车管理部门的组织机构与职责、机车的配属与使用、机车交路、机车运转制度、乘务制度及乘务组的出乘方式等基本知识,要认真学习和掌握,这是搞好乘务工作的基本前提。识别列车运行图、机车周转图、按要求完成机车的整备作业等知识,是本章的重点内容,除了学习基本理论知识,还要通过技能训练来进一步巩固和提高。

只有掌握好基本的机车管理与运用知识,才能正确地指导乘务工作,熟悉乘务工作,达到高效、安全、正点的行车目的。因此,《运规》规定:各级机车运用人员应具备高度的责任心和求实精神,热爱本职工作;对工作高标准、严要求,对技术精益求精;顾全大局,协调合作,服从命令听指挥;深入实际,调查研究,扎扎实实地做好各项工作。

自测练习题

1. 机务本段具有哪些特点?
2. 什么叫运用机车和非运用机车?
3. 什么叫机车交路? 有几种周转方式?
4. 什么叫循回运转制? 画出图例,有什么优点?
5. 什么叫肩回运转制和循环运转制? 同时画图说明。
6. 什么叫乘务组的出乘方式? 共有几种? 各出乘方式是如何执行的?
7. 如何识别列车运行图? 各类列车的运行线是如何表示的?
8. 什么叫机车周转图? 如何识别机车周转图?
9. 机车整备作业的内容及基本程序是什么?
10. 机车给油方式共有几种? 各种方式如何操作?

第六章　机车运用指标

内容描述

本章内容讲述机车运用数量指标、机车运用质量指标及机车运用分析,要求掌握指标分析中的机车全周转时间、机车日车公里、机车日产量等指标的含义、计算,机车运用分析的注意事项和方法,主要运用指标的提高措施。

学习目标

【知识目标】

◆了解分析机车运用的分析。

◆了解分析机车运用的数量指标。

◆了解分析机车运用的质量指标。

【能力目标】

◆能说出指标分析与机车运用的关系。

◆能用指标分析考核机车运用工作的质量。

第一节　机车运用数量指标

机车运用数量指标表示计划指标在规定时间内(如日、旬、月、季、年)机车运用的经济活动在效率上应达到的目标,反映总的机车运用工作量,包括各种机车的走行工作量、工作时间及其完成的各种总重吨公里。

一、机车走行公里

机车走行公里为运用机车实际走行或换算走行的公里。

(一)本务机走行公里

本务机车为牵引列车担任本务作业的机车。本务机走行公里为牵引列车的本务机车走行的公里。

两台机车牵引列车(包括规定的双机牵引区段)及组合列车,第一台主导机车为本务机车,第二台为重联机车。但两个列车临时合并运营时,两台机车分别按本务机车统计走行公里。

(二)沿线走行公里

沿线走行公里为本务机、单机、重联和补机走行公里之和。或者说是指机车在区段内或区间内与牵引或推送列车直接有关的机车走行公里之和。

(三)辅助走行公里

辅助走行公里是指本务机走行公里以外的单机、重联、补机及各种换算走行公里之和。

（四）换算走行公里

换算走行公里为按机车台小时换算的走行公里。或者说是指在区段或区间内与牵引、推送列车无关的运用机车换算走行公里之和。

调车工作每小时作业时间换算 20 km，其他工作每小时换算 5 km，有动力停留每小时换算 4 km（内燃、电力运用机车的段内停留均按有动力停留统计）。

（五）机车总走行公里

机车总走行公里为沿线走行公里及换算走行公里之和。或者说为担当各种工作的运用机车的总走行公里之和。

机车总走行公里＝沿线走行公里＋换算走行公里＝本务机走行公里＋辅助走行公里

机车走行公里是机务段运用工作的一项重要指标。它表示机务段的工作量，因此是机务段配属机车台数的依据。同时，铁路运输工作为了完成一定的运输任务，机车必须完成一定的走行公里。所以在完成一定运量的前提下，努力压缩机车全部走行公里数，是降低运输成本的一个重要因素。

为了压缩全部运行机车的总走行公里，就必须压缩它所包含的各项走行公里和换算走行公里。

本务机走行公里的多少，主要由运量大小和列车牵引定数决定，一般可视为客观因素。但是，在运输组织工作中尽量减少欠重列车，实现超重运输，组织单机挂车等，都可压缩本务机走行公里。同时，在条件允许时，努力提高列车牵引定数也是压缩本务机走行公里的一项措施。

除本务机车外，担任其他各项工作的机车，如补机、重联机车、单机、调车机车等的走行公里更应大力压缩。

二、机车牵引总重吨公里

机车牵引总重吨公里是机车牵引列车（包括单机牵引车辆）完成的工作量，计算方法是

机车牵引总重吨公里＝机车牵引总重×相应的机车实际走行公里

注意：双机合并牵引及挂有补机、重联机车时，牵引总重吨公里的计算按《铁路机车统计规则》附件二"重联、补机机车牵引能力比例表"分劈。三台机车牵引列车时不考虑机型，其总重吨公里本务按 40%，其余两台各按 30%分劈。

三、机车自重吨公里

机车自重吨公里是机车沿线走行所产生的自重吨公里，计算方法是

机车自重吨公里＝机车重量×沿线走行公里

四、通过总重吨公里

通过总重吨公里是指沿线上通过的总重吨公里数，计算方法是

通过总重吨公里＝机车自重吨公里＋机车牵引总重吨公里

通过总重吨公里是根据司机报单上所记载货物实际重量和走行距离为依据进行计算的。每天都应计算，用以考核、分析机车运用情况。同时，在其他指标不变的情况下，通过总重吨公里的大小还影响到车辆走行公里的大小，因而是影响铁路运输运营费用大小的重要因素。

第二节　机车运用质量指标

机车运用质量指标主要从机车牵引能力的利用程度和机车在时间上的利用情况来反映机车的运用效率(即运用质量)。主要指标有:机车全周转时间,机车日车公里,列车平均牵引总重量,机车日产量,技术速度以及其他有关指标。

一、机车全周转时间

(一)机车全周转时间($t_全$)

机车全周转时间为机车每周转一次所消耗的全部时间(非运用时间除外)。或者说机车在担当牵引作业过程中,自离开机务段闸楼起,到完成一个交路的往返作业回段,下一次出段再经过闸楼时止,所用的全部时间称为机车全周转时间。包括:纯运转、中间站停留、本段和折返段停留、本段和折返段所在站停留时间,如图 6-1 所示。

图 6-1　机车全周转示意图

回段机车为上次入段时起至本次入段时止;实行循环运转和轮乘制的机车为上次机车到达乘务员换班站时起至本次机车到达乘务员换班站时止;在站换班机车为接车时起至交车时止。

1. 纯运转时间。为机车在区间内运行所占用闭塞的时间,包括区间内各种原因的停留时间(停车装卸除外)。

2. 中间站停留时间。为机车在列车运行区段内中间站(线路所、信号所)的停留和调车时间。

3. 旅行时间。自始发站出发时起至终到站到达时止的全部时间。

4. 本段和折返段停留时间。为机车入段时起至出段时止的时间(非运行时间除外)。

5. 本段和折返段所在站停留时间。为机车自出段时起至本段、折返段所在站牵引列车出发时止,和牵引列车到达本段、折返段所在站时起至入段时止的全部时间,其中包括调车时间。

机车周转时间分为:机车全周转时间和机车运用周转时间两种。

机车运用周转时间是指机车从出本段经过闸楼时起,担当一个交路的往返作业后,回到本段通过闸楼时止所用的时间,其计算方法为

$$机车运用周转时间＝机车全周转时间－本段停留时间$$

(二)全周转时间的计算

$t_全$ 的计算有两种方法,即时间相关法和机车相关法。

1. 时间相关法

时间相关法以机车周转一次所需时间因素为依据来计算 $t_全$ 的方法。计算公式为

$$t_全 = 一次周转的旅行时间(t_旅) + 本段及折返段库停时间(a) +$$
$$本段及折返段所在站停留时间(b)$$
$$= t_旅 + a + b$$

或

$$t_全 = \frac{2 \times L}{v_旅} + a + b$$

式中　L——机车担当交路的长度；

　　　$v_旅$——旅行速度。

2. 机车相关法

机车相关法以机车使用台数和列车对数为依据计算 $t_全$ 的方法，计算公式为

$$t_全 = 回段机车全周转时间的总和 ÷ 机车周转次数$$

式中　机车周转次数——机车回段台数或列车对数。

当有双机重联或多机牵引时，回段机车台数和周转次数大于列车对数。此时

$$机车周转次数 = 回段机车台数 = 列车对数 + 双机或多机牵引对数$$

如某机车出库仅牵引一次列车，而往程或回程担任其他工作时，则其所担当的列车为 0.5 对，机车周转次数和回库机车台数也按 0.5 次或 0.5 台计算。

$$回库机车全周转时间的总和 = 担当牵引任务的机车台数 \times 24$$

因此，计算公式又可写成

$$t_全 = \frac{担任牵引任务的机车台数 \times 24}{列车对数 + 双机或多机牵引对数}$$

(三)缩短全周转时间的主要措施

机车全周转时间是考核机车运用效率的重要指标之一，它不仅反映机务部门工作质量的好坏，还反映铁路运输各部门：如日常调度指挥、车站工作组织、线路施工等工作质量的好坏。因此，缩短机车全周转时间是各运输部门的共同责任。缩短机车全周转时间主要措施有：

1. 加强车站作业和调度指挥，提高旅行速度。其中包括提高机车的技术速度和减少列车在中间站停车次数及停留时间。

2. 加强相邻区段相互间的紧密衔接，缩短机车在外段及所在站的停留时间。

3. 缩短本段及所在站的停留时间。

除此之外，还有许多措施，直接或间接地也可以缩短机车全周转时间，如减少机破事故，加强机车保养等。

二、机车需要系数

机车需要系数是指在一个牵引区段上，每担当一对列车的牵引任务平均所需要的运用机车台数。因此机车需要系数又称机车周转系数，它是考核机务部门供应机车的标准。机车需要系数实际上就是以"天"为单位的机车全周转时间。计算公式如下

$$机车需要系数\ K = 机车全周转时间 ÷ 24 = 机车使用台数 ÷ 列车对数$$
$$= 机车周转距离 ÷ 机车日车公里$$

机车需要系数是由列车运行图和机车周转图确定的，K 值越小，完成规定的牵引任务所需要的机车使用台数也就越少，铁路运营费用就可大大节省。由于列车运行图和机车周转图

经总公司批准,因而机车需要系数为法定标准。

三、机车日车公里

机车日车公里是指在一定时期内全路、全铁路局或全机务段平均每台运用机车在一昼夜内走行的公里数。用 $S_日$ 表示,它是反映机车工时有效利用程度和列车速度这两个方面因素的重要指标。

机车日车公里分客运机车日车公里、货运机车日车公里和支配机车日车公里。

(一)客运机车日车公里

客运机车日车公里一般在客车变动不大时,仅在年或季分析,日常不分析。

(二)支配机车日车公里

支配机车日车公里为平均每台支配机车在一昼夜内走行的公里。计算公式如下:

$$支配机车日车公里=机车总走行公里÷支配机车台日$$

为了提高支配机车日车公里,应该提高运用机车日车公里,节约非运用机车台数,努力降低机车检修率,在保证完成运量的前提下,尽量将多余机车加入总公司备用、封存,以压缩支配机车台数。

(三)货运机车日车公里

货运机车日车公里,因货运工作量大,波动面大,客观因素影响多,潜力也很大,则是分析研究提高机车运用效率的重要方面。

已知机车每次周转时间为 $t_全$,则机车在一昼夜内的周转次数为:$24/t_全$,而机车在一周转内走行距离为两倍的交路长度,故机车每昼夜走行的公里数为

$$S_日=2L×\frac{24}{t_全}=\frac{48L}{t_全}\quad(km/台·d)$$

将 $t_全=24K$ 代入得

$$S_日=2L÷K\quad(km/台·d)$$

机务段所有机车的平均日车公里可用下式计算

$$S_日=\frac{\sum 2L×n}{N_运}\quad(km/台·d)$$

式中　$2L$——机车周转距离(km);

　　　　n——某一机车交路的列车对数;

　　　$N_运$——全段运用机车台数。

从上述计算日车公里的公式中可以看出:机车日车公里的高低和沿线走行公里、列车对数、周转距离成正比;和机车使用台数、全周转时间、机车需要系数成反比。因此,当周转距离延长,沿线走行公里增大和全周转时间缩短,使用台数减少时,日车公里就能提高。而周转距离和列车对数主要取决于客观因素,所以,压缩机车全周转时间也就是提高日车公里的主要措施。提高机车技术速度和旅行速度,减少中间站停留次数和停留时间,压缩本、外段停留时间,机车周转也就自然加快,从而达到提高日车公里之目的。

四、技术速度和旅行速度

1. 技术速度($v_技$)是不计入中间站停留时间的列车机车在区段内的平均速度,也即列车机

车在区间内平均每小时走行的公里。其计算公式为

$$v_技 = 本务机走行公里 \div 本务机纯运转时间 = L \div t_运 \quad (km/h)$$

2. 旅行速度($v_旅$)是计入中间站停留时间的列车机车在区段内的平均运行速度,也即列车机车在区段内平均每小时走行的公里。其计算公式为

$$v_旅 = 本务机走行公里 \div 本务机旅行时间 = L \div (t_运 + t_停) \quad (km/h)$$

式中　L——机车交路长度;

　　$t_停$——区段内中间站总的停留时间。

旅行速度不仅考核机车牵引能力和操纵水平,而且能体现出中间站作业情况,列车组织,调度指挥水平等。

旅行速度和技术速度的比值称为速度系数,用 γ 表示。

$$\gamma = \frac{v_旅}{v_技} = \frac{t_运}{t_运 + t_停} \leqslant 1$$

γ 值接近 1,则说明两个速度越接近,列车在中间站的停留时间越短,机车、车辆周转越快。

五、机车日产量

铁路运输工作的产品是"吨公里"。机车日产量是指在一定时期内,全路、一个铁路局、一个机务段平均每台运用机车在一昼夜内所生产的总重吨公里。

机车日产量分为支配机车日产量和货运机车日产量。

(一)支配机车日产量($M_支$)

指平均每台支配机车在一昼夜内生产的总重吨公里。计算公式为

$$M_支 = 各种运输总重吨公里 \div 支配机车台日$$

支配机车日产量主要考核运行机车的利用程度和完成任务的质量情况,在支配机车台数不变的情况下,机车利用率和总重吨公里越高,则 $M_支$ 越高。

(二)货运机车日产量($M_总$)

货运机车日产量是指平均每台货运机车在一昼夜内生产的总重吨公里。计算公式为

$$M_总 = \frac{S_日 \times Q}{1 + \beta_单} \quad (t \cdot km/台 \cdot d)$$

式中　$S_日$——货运机车的平均日车公里;

　　Q——货运机车的平均牵引重量;

　　$\beta_单$——单机走行率。

上述公式除以 10 000,则等于通称的"万 t·km/台·d"(每台机车每日完成的总重吨公里)。

评价机车运用效率从时间和牵引力的利用两个方面来进行。机车日车公里,机车全周转时间反映机车运用效率的时间方面;列车平均牵引总重反映机车牵引力的利用程度,能综合反映这两个方面的指标就是机车日产量,它是机车多拉快跑的主要标志。

机车周转的快慢,牵引力利用程度的高低,同时还表现在每台机车每日能完成的总重吨公里。机车日产量指标既综合反映机车运用效率,也反映铁路整个运输的综合成绩,是铁路经济技术考核的主要指标之一。

为提高机车日产量,需要对机车日产量的有关因素进行分析,机车日产量的高低与日车公

里、列车平均牵引总重成正比,与单机率、重联率、机车运行台数成反比,要提高机车日产量就必须大力提高列车平均牵引总重,加速机车周转,压缩机车使用台数,提高日车公里,减少单机走行率、重联率等有关因素。

六、列车平均总重

列车平均总重,是从机车牵引力角度出发考核机车牵引力利用程度的一个重要指标。它是指在一定时期内,全路、一个铁路局、一个机务段或一个区段按距离加权平均每一本务机车牵引的总重量。也即每一列车的平均总重量。计算公式为

列车平均总重＝总重吨公里(不分劈重联、补机)÷本务机走行公里(t)

由上式可知,它是一个机务段已经完成的各次货运列车(包括上、下行方向,但不包括小运转列车)重量的平均值。它的大小直接影响到区段列车次数的多少,从而影响到机车需要台数、机车和列车乘务组需要数及其他有关支出的多少,甚至影响到为增加线路通过能力所需的投资。对照列车平均牵引总重与牵引重量标准,即可发现运输组织工作中的薄弱环节和机车牵引力的利用程度。

一个区段或一条线路按方向确定的列车重量标准,是按各区段配属的机车类型(主要机车功率的大小),线路纵断面情况,并考虑各区段牵引定数统一,由牵引计算方法求得,经牵引试验确定的。它是货运列车编组的主要依据,也是本务机车牵引列车重量的一个定额指标。

提高列车平均牵引总重是提高机车日产量的主要环节。因此,要坚持满重,减少欠重,组织超重,特别要抓好运输方案,合理开行零担摘挂列车,提高小运转列车的牵引重量。

七、机车辅助走行率

各种机车辅助走行率计算方法为:

(一)机车辅助走行率

机车辅助走行率是指机车的辅助走行公里与机车沿线走行公里的比值,这个指标可反映出机车的走行效率。计算公式为

机车辅助走行率＝(辅助走行公里÷沿线走行公里)×100%

该比值越大,说明机车的无用走行公里越多,浪费也大,所以希望该比值越小越好。

(二)单机率

单机走行公里占机车各种走行公里的百分比称为单机率。计算公式为

占机车沿线走行公里的单机率＝(单机走行公里÷机车沿线走行公里)×100%

占本务机车走行公里的单机率＝(单机走行公里÷本务机车走行公里)×100%

同样,单机率越小越好,为了减少该值,就应该周密地组织机车周转,压缩单机开行次数或附挂回送,严禁对开单机,减少重联等。

机车工作量和机车运用指标的相互关系如图 6-2 和图 6-3 所示。

图 6-2　机车工作量和机车运用指标的相互关系

图 6-3　机车工作量和机车运用指标的相互关系

第三节　机车运用分析

　　机车运用分析,就是通过对各项机车运用指标实际完成情况的分析,研究现有机车运用效率,肯定成绩,揭露问题,制定措施,进一步改善机车运用状况。机车运用分析是加强铁路运输管理,不断改进提高工作水平的重要方法,是不断改进机车运用管理,经济合理地运用机车,提高机车运用效率,质量良好地完成国家运输任务的重要手段。

一、机车运用分析的基本任务

1. 把反映实际完成情况的指标与计划指标对比，以表明计划"的完成程度。在分析计划执行情况时，应对促使计划超额完成的因素和影响计划未完成的因素作出准确的计算，以表明其影响程度。

2. 观察有关统计指标，研究现象之间的相互联系，以便认识事物间的因果、平衡关系。综合研究反映机车各种状况的指标体系，分析一定时期内指标的变化情况。通过分析，指出先进部分与薄弱环节，挖掘潜力，促使经济合理地运用机车。

3. 连续比较同一事物不同时期的发展情况，从而研究其变化的特点和趋势。在日常运输工作中随时观察机车运用指标的变化，逐班逐日进行分析，及时指出问题所在，提出改进措施和意见。

二、机车运用分析的主要内容

机车运用分析有日常，定期（旬、月、季、年）和专题分析。

1. 日常分析

日常运用工作分析，是为了检查每日机车运用状况，及时发现问题，查明原因，采取解决措施，消除工作中的缺点和错误。发现先进事迹和个人及时汇报领导进行表扬和鼓励。

日常分析主要是检查机车运用状况、列车运行图和机车周转图的执行情况。

（1）列车运行的安全正点（事故、机务运缓、晚点）等情况，机车乘务员超劳情况。

（2）机车日（班）计划周转图的执行兑现情况。

（3）运用指标如机车日车公里、技术速度、日产量、平均牵引总重等项指标的完成情况和机车全周转时间各项因素的延长、缩短及其影响。

（4）机车小、辅修的计划兑现及回库情况，不能按时进车、交车的机车型号及原因，机车临修情况及原因。

（5）货物列车超（欠）重、单机走行、对开单机及列车机外停车情况。

（6）机车供应、整备作业及有关人员劳动纪律情况。

（7）包乘制机车打乱固定包车组情况及原因。

（8）机车周转图及有关原始记录的整理和表报的填写上报情况。

日常分析一般在交接班汇报会上进行。各级机车调度分别由各级主管领导主持交接班汇报会（专职分析人员也要参加），分析管内、各段、本班的机车运用工作情况。

2. 定期分析

定期分析为总结一个阶段的运输生产活动。旬、月、季、年终都要及时做出定期分析，从中找出存在的问题，摸清工作发展中的规律，研究出改进工作措施和方法，用以指导机车运用工作。内容和日常分析相同，主要是：

（1）现有机车台数，客、货运机车指标，机车供应及机车周转图完成情况。

（2）各种机车总走行公里，总重吨公里，辅助走行公里及支配机车日车公里，客、货运机车技术速度及旅行速度完成情况。

（3）货物机车日车公里、日产量、平均牵引总重、全周转时间。超（欠）重及单机走行情况。

（4）机车月走行公里和段修平均走行公里、平均修车时间。

（5）机车小、辅修和保养情况。

（6）行车安全及运行正点情况。

（7）机车乘务员包车情况、劳动时间、工时利用和超劳情况等。

3. 专题分析

专题分析是深入研究某一专门性质的问题或彻底查明某一工作环节的有效方法。从中找出实质性的原因和问题的发展规律，剖析存在的问题，提出建议性的改进方法。

分析项目应根据工作中所存在的问题，采取单独进行的步骤，针对不同薄弱环节单项专题剖析或根据领导指示进行。

三、机车运用分析的注意事项和方法

机车运用分析必须以丰富的统计资料为基础，在分析目的确定后，就要搜集和整理资料。若无日常的资料积累，只求临时搜集、突击整理、这样得来的资料难于全面、系统、正确的反映实际，通过分析所得的结论难免出现差错。另外，对统计资料的可靠性和可比性也要足够重视，要从指标间的相互关系和数值的合理性上进行审核。

积累资料的内容应满足各种分析的需要，主要有定期报表的资料、专门调查所得的资料以及必要的财务会计资料等。

统计分析方法根据分析项目和目的选用。分析方法主要有：分组分析法、平均分析法、对比分析法、动态分析法、因素分析法等。

四、主要运用指标的分析方法及提高措施

（一）机车全周转时间

压缩机车全周转时间是提高机车运用效率的前提，抓效率首先必须从抓全周转时间着手，努力压缩机车全周转时间（当然不是无限度的）。而要压缩全周转时间就应从组成全周转时间的因素开始，并从"机报一"中查出机车全周转时间的变化，找其规律，分析原因，注意重点。

1. 机车旅行时间的变化

机车旅行时间的变化主要出于两种情况，一是机车纯运转时间长，这可能是机车运缓、事故、慢行，行人阻道或机外停车；二是中间站停留时间长，这可能是区间卸车、列车会让、小运转列车中途折返和机车中途换班等多种原因造成。

分析旅行时间对周转时间的影响还可以利用计算旅行速度的办法。

$$旅行速度 ＝ 本务机走行公里 ÷ 本务机旅行时间$$

如果算出的旅行速度低于运行图规定的旅行速度，尽管由于日计划安排的车次不计晚点而实际上已延长了机车全周转时间。

检查分析旅行速度时还要注意到：有时列车正点率很高，摘挂和扩货也影响不大，但旅时仍很长。遇到这种情况就应分析旅时长与旅时短各区段列车对数变化，如果旅时长的区段列车开行对数增大，将也会使旅行时间增大和机车周转时间延长。

例如：甲—乙区段平均旅行时间 4 h，而甲—丙区段平均旅行时间 10 h，各开 10 对列车，则

$$丙—乙区段平均旅行时间 ＝ \frac{4×10＋10×10}{10＋10} ＝ 7.0(h)$$

如果甲—丙区段开行 15 对列车而甲—乙区段仍开行 10 对，则

$$丙—乙区段平均旅行时间 ＝ \frac{4×10＋10×15}{10＋15} ＝ 7.6(h)$$

由此可见,机车全周转时间延长了,但列车仍保持正点。

2. 自、外段及所在站停留时间的变化

机车全周转时间的长短与机车在自、外段及所在站停留时间成正比,即停留时间越长则机车的全周转时间亦长。因此压缩在自、外段的停留时间,不仅要合理地配置段内各种技术设备,尽量采取流水和平行作业,重要的是压缩非生产停留时间,比如调休、等待工作和等待修活,不合理调整计划等。因此,在分析全周转时间时,还要注意检查机车非生产停留时间。

根据以上分析方法,日常应注意积累以下资料:

(1)掌握因机车晚到影响折返交路的推延时间。

(2)掌握乘务员在外段(折返段)调休或列车大晚点中途等待换班延长机车全周转时间。

(3)掌握机车周转方案的开行情况,临时停运或开行扩大货物限速列车延长的时间。

(4)掌握临修机车修复担任列车交路的时机,在编制日计划时要考虑临修机车非生产停留时间。

(5)掌握各区段车流的变化及因此而造成的机车周转距离和旅行时间对全周转时间的影响。

(6)水害、事故,塌方所造成的列车运行秩序混乱而延长的机车全周转时间。

(二)机车日车公里

机车日车公里的高低和机车周转距离成正比,而和全周转时间成反比。机车日车公里完成的高低可由三个方面进行分析:

1. 从机车全周转时间分析。首先找出延长全周转时间的原因和浪费时间,而且还要把延长的时间换算成机车台日,即

$$延长机车全周转换算浪费机车台数＝浪费全周转时间之和÷24$$

分析机车全周转这一项工作除每日检查《机报一》外,还要查阅列车运行图和机车周转图。

2. 经常注意各区段列车的开行变化,因为日车公里实际上是机车使用台数与周转距离之比,如果机车台数不变周转距离越长则日车公里越高,反之将随之降低。

3. 要注意小运转列车的开行对数和沿零摘挂列车的增开与直货列车的比例变化。

在列车运行图基本图上直货与摘挂的小运转对数的比例是确定了的,但由于小运转列车和限速列车一般根据车流允许在日计划中安排加开。这一固有的运输组织规律,直接影响机车日车公里的成绩。一般来说,加开小运转是从周转距离方面影响机车日车公里下降,而加开限速列车则从全周转时间方面影响机车日车公里。因此,各级领导和编制日计划人员应注意:

(1)掌握影响机车交路和全周转时间的因素变化,减少和压缩全周转时间。

(2)控制和掌握摘挂限速列车开行的对数,减少和杜绝列车中途换班。

(3)编制日机车周转计划时,要认真按各区段供给机车系数编制,要保证完成月计划指标。修整计划时不应影响日计划指标。并保证乘务员正常工作和休息。

(4)掌握小运转列车的开行对数占沿线走行公里中的比例。

(三)机车日产量

机车日产量也叫机车生产率。与机车全周转时间,机车日车公里和平均总重相比,它是一项更为重要的指标。因为机车使用效率高低,必须从时间和牵引力的利用两方面来反映,而日车公里和全周转时间只能反映出机车的运用效率和时间方面,平均总重只能反映机车牵引力的利用方面,只有日产量才能集中反映出机车的运用成绩,所以说机车日产量是机车运用效率的一项综合指标。分析机车日产量,可以注意以下几方面:

1. 从机车日车公里完成情况分析。因为机车日车公里与机车牵引列车走行的距离成正

比,且与机车使用台数成反比。如果日车公里降低或走行公里减少,机车使用台数增多均直接影响到机车日产量。

2. 从列车平均总重分析。列车平均总重是产生总重吨公里的主要因素,在距离相等的条件下,列车平均总重越多,所生产的总重吨公里也就越多。

3. 从单机率分析。往往在日车公里和平均牵引总重都完成时,而机车日产量确低于计划,其原因多在于单机率的影响。因为单机走行公里直接影响机车日产量。

4. 从重联率分析。重联率的影响是产生于双机牵引受到发线长度的限制,所以造成机车牵引力的浪费。

(四)机车平均牵引总重

这项指标的分析方法与机车日产量是密切配合的,在分析机车日产量时,有些数据就要先分析出机车平均牵引总重后才能进行日产量的分析计算。分析机车平均牵引总重应从以下两个方面着手。

1. 列车超欠重。超重和欠重在列车运行中是常有的,但超欠的数量是不相等的,所以要两项折减,找出欠重的列车次数和吨数。

2. 分析不同牵引重量的区段列车对数的比例变化,也就是单机、双机、多机牵引的比例。

因为机车平均牵引总重是本务机车公里与列车总重吨公里之比。但也要重视区段列车的平均牵引吨位。

运用工作分析必须加强日常调查,研究积累应有资料。深入生产第一线,摸清问题的实质,找出规律,提出改进措施,为提高机车各项运用指标而努力。

本章小结

机车的运用指标,包括运用数量指标和运用质量指标以及机车运用分析,本章概括地向大家作了介绍。这些指标,从各个不同的角度,反映出机车运用工作的好坏,并且可以通过这些指标的比较,来检验各铁路局,各机务段的机车运用工作的质量,从而发现差距,找出问题,提出改进措施,使机车运用工作达到应有的水平。机车全周转时间、机车日车公里、机车日产量作为重点指标,应重点掌握其概念、计算方法和相互的联系。

自测练习题

1. 什么叫机车全周转时间? 其组成因素有哪些? 这些因素如何影响机车全周转时间?

2. 如何计算机车全周转时间? 缩短机车全周转时间的主要措施有哪些?

3. 什么叫机车需要系数? 如何计算?

4. 什么叫机车日车公里? 货运机车日车公里如何计算?

5. 什么叫技术速度和旅行速度? 计算时要注意什么?

6. 什么叫机车日产量? 货运机车日产量如何计算?

7. 各机车运用质量指标如何反映机车运用效率? 综合反映机车运用效率的指标是哪个?

8. 什么叫单机率? 在机车运用中,为什么严格限制开行单机?

9. 机车工作量和机车运用指标的相互关系是怎样的?

10. 某乘务机班担当 220 km 区段上的本务执乘任务,他们 10:00 从始发站出发,18:48

到达终点站。其中：在中间站纯停留时间为 2 h 12 min，调车作业又用去 54 min，行人挡道在区间停车 8 min。问：该本务机车的技术速度是多少？旅行速度是多少？速度系数是多少？

11. 作为机车乘务员，在工作中应如何做才能保证机车运用的各主要指标，从而能更好地完成？

参 考 文 献

[1]中国铁路总公司．铁路技术管理规程(普速铁路部分)．北京:中国铁道出版社,2012.

[2]毛红军．电力机车运用与规章．北京:中国铁道出版社,2008.

[3]吴明华,宫士乡．电力机车规章与运用．北京:中国铁道出版社,2014.

[4]中国铁路总公司．铁路机车调度规则(铁总机辆〔2017〕323号)．北京:中国铁道出版社,2018.

[5]中国铁路总公司．铁路机车运用管理规则(铁总运〔2015〕314号)．北京:中国铁道出版社,2016.